TODOS PODEMOS

Enfrentar las adversidades, levantarnos cuando hemos caído, darnos una oportunidad, ser emprendedores y conquistar el mundo

William Pavon

INDICE

A mis hijos y nietos Les Ucrania, Denis, Larisa, William, Andoni, Oscarito todos ellos son un rayo de luz en primavera y una nueva sábila para esta tierra.

Introducción

Cuando se es joven uno no sabe cómo le va a ir en la vida y siempre se está lleno de ilusiones y pajaritos en la cabeza, por otro lado, las chicas todo lo ven color de rosa, perfumes en el pelo y mariposas en el corazón.   Qué lindo es la juventud, no hay quien no la recuerde con agrado, con alegría y hasta con nostalgia.   Los viejos cuanto añoramos esos tiempos dorados, que sentimos se nos han ido en un santiamén, nos regocijamos el alma por todo lo vivido, por las amistades compartidas, por los amores furtivos.

Y quiero comentarles una cosa, siempre que miro las fotos del pasado, las de mis compañeros de clases de la escuela y los de la universidad, cuando me fijo en sus rostros, el de todos mis amigos de infancia, ahora que estamos viejos, pues yo los veo igual que cuando de jóvenes, los mismos rasgos, los mismos rostros, las mismas maneras, los mismos dejes, es que siempre idénticos, con la única excepción de las arrugas, y en algunos la barriga que ha aumentado su tamaño. Lo mismo puedo decir de las chicas, cada vez más guapas, a ellas se les ha quitado lo de niña y se han convertido en todas unas reinas.

Ese ímpetu de la juventud realmente hace hombres verdaderos, que dejan atrás la etapa de la adolescencia para asumir tareas de verdad, ya sea en beneficio propio o para los demás, ya sea para continuar estudios, para buscar trabajo, para emprender una causa social o para luchar por el bienestar del pueblo, por las libertades y la justicia, por la liberación y la emancipación de las naciones.

Siempre los jóvenes se han caracterizado por su fortaleza, sus bríos de libertad, por su entrega a las causas del pueblo, a las causas de los necesitados.   Qué lindo fue ver en las calles a los jóvenes en Guatemala protestando y luchando en contra de la corrupción en su país, que de forma pacífica durante varias jornadas de manifestación abarrotaban las calles y avenidas, hasta que lograron lo imposible, derrocaron al gobierno de Otto Pérez Molina.   Ese gesto de patriotismo y lucha combativa lo llevan los jóvenes en la sangre, son la fuerza motriz, son el futuro de las naciones.

Qué lindo es ver a los jóvenes de organizaciones sin fines de lucro como TECHO que andan por las calles bajo el inclemente sol o la lluvia pidiendo con sus alcancías para recoger fondos y construir pequeñas casitas para la gente que carece de una, es sorprendentemente admirable como se aprestan a la construcción de esas pequeñas casas para la gente necesitada, como bajo el sol o la lluvia entregan su tiempo para esa loable labor en todos los países latinoamericanos.

Felicidades a todas esas organizaciones sin fines de lucro como TECHO que además de ayudar al necesitado, también fomentan valores positivos en los jóvenes, les dan una educación formativa, aprenden el amor al trabajo, les enseñan a trabajar en equipo, algo tan importante en estos dorados tiempos donde la educación formal en Latinoamérica carece de estos contenidos.

Pero así como hay muchas cosas positivas en los jóvenes, también hay que recordar que la juventud hoy en día está expuesta a muchos peligros, a muchas amenazas que pretenden destruirla, perjudicarla y hacer de ella un guiñapo sin fuerza ni voluntad. Puede que los males y peligros sean tan antiguos como la existencia del ser humano, pero los métodos son cada día más sofisticados haciendo que uno caiga en sus garras más fácilmente.

Este pequeño libro pretende despertar la mente del joven, mostrarle un camino a seguir, inyectarle la semilla de la curiosidad para descubrir las cosas buenas y no ser una víctima más.

Buenas Suerte
William Pavón
Guatemala 2017

*"No progresas mejorando lo que ya está hecho,
sino esforzándote por lograr lo que aún queda por hacer."*
(Khalil Gibran)

PRIMERA PARTE

Capítulo I

Juventud, divino tesoro,
¡ya te vas para no volver!
Cuando quiero llorar, no lloro...
y a veces lloro sin querer...
Ruben Dario (Cancion de otoño en primavera)

El desafío de ser joven

Pareciera que ahora todo es más difícil que antes, las cosas como que se han complicado, cuando debería ser al contrario que con los adelantos tecnológicos las cosas se facilitaran más, la vida fuera más ligera y las posibilidades de vernos realizados sean mayor. Pero las cosas son lo contrario, los adelantos tecnológicos ha supuesto una gran presión a las sociedades por ser más competitivos, la mano de obra va siendo sustituida por una mano de obra calificada y en muchos casos la automatización viene a desplazar más a los trabajadores. Ya no se necesita tanta gente para producir más, al contrario la automatización de los procesos viene a desplazar una gran cantidad de mano de obra, el operador de la maquinaria solo se limita a estar atento si la maquina se ha atascado, de acuerdo a los procedimientos aprieta el botón de Reset (reinicio) y todo vuelve a su curso. El producir, empacar, despachar y almacenar se han convertido en procesos tan rutinarios que una vez automatizados ya no requiere la participación de los hombres porque las maquinas lo hacen mejor, no se equivocan y trabajan sin descanso.

Ahora a tu ciudad, a tu región, a tu pueblo llegan miles de productos procesados, empacados con colores vistosos para hacerte más atractiva la selección, inundan los supermercados, las tiendas y demás centros comerciales dándole el golpe final a la pequeña empresa familiar, a los artesanos, a los que trabajaban en sus casas elaborando productos caseros para suplir el mercado local. Pero con la inundación de mercadería barata no queda más remedio a las pequeñas empresas domesticas que desaparecer.

Estos cambios tecnológicos llevan irremediablemente a cambios en la sociedad, la falta de empleo se va convirtiendo en una carga pesada para los centros urbanos, la gente se ve obligada a emigrar del campo a la ciudad en busca de nuevas oportunidades y al final haciendo que la competencia por los puestos de trabajo sea mayor, algo estresante para todos los trabajadores en este mundo moderno.

Esta vorágine de cambio está haciendo que los jóvenes tomen decisiones trascendentales a temprana edad, se ven obligados a dejar a sus hogares para buscar nuevas oportunidades, para poder continuar estudios o para trabajar y sostenerse a sí mismos. Esto obliga a que el joven de ahora sea más independiente, desarrolle habilidades rápidamente para responder a esa necesidad de cambio. Pero los que no están preparados se ven muy presionados y la experiencia se convierte en algo terrible, espantoso, hasta caer en la desesperación y frustración.

El ser joven representa un gran desafío porque muchas veces es rechazado por su falta de experiencia, por la falta de conocimientos especializados o por no haber culminado estudios, aunque también se enfrenta a la falta de apoyo por parte de empresas, organizaciones y hasta del gobierno que no cuenta con programas orientados a su incorporación al mundo laboral.

La falta de recursos económicos también es un gran reto porque si no cuentas con ellos no puedes continuar tus estudios, no puedes mantenerte y mucho menos asumir la responsabilidad económica de una familia.

Ante todas esas situaciones estresantes que nos presentan un panorama sombrío para los jóvenes, estos tienen que superarlos, afrontarlos y alcanzar la cima del éxito. Los jóvenes tienen un reto muy grande y no se pueden dar el lujo de dejarse vencer, de dejarse derrotar por aquellos obstáculos aparentemente infranqueables. Todos Podemos.

Tengamos o no tengamos nada en la vida siempre vamos a tener un pequeño resquicio de duda sobre si podemos o no podemos, algo normal en la naturaleza del ser humano, siempre dudamos de si el paso que damos es en la dirección correcta o no, pero este pequeño brote de duda puede ser fácilmente contenido y controlado cuando nuestras acciones están acompañadas de la certeza de nuestro proceder, de la confianza en nuestro actuar y de las cosas que queremos alcanzar. Pero cuando no hay seguridad, cuando nos ha abandonado la confianza, cuando no tenemos asidero seguro pues es cuando nos sentimos abrumados por el pesado fardo que cargamos y que no nos deja avanzar.

Es como que vas arrastrando un saco pesado, lleno de cosas que no te dejan avanzar, entre más quieres caminar, la carga se vuelve más pesada y a veces crees que no puedes ni dar un paso más porque tus fuerzas ya no te ayudan, están agotadas, te sientes desvanecido, pero sabes que tienes que seguir avanzando, pero no puedes con esa carga pesada.

Esa carga pesada en nuestras vidas nos conduce al desánimo, no sabemos que es lo que queremos, sabemos que necesitamos algo pero no logramos aclararnos que es lo que necesitamos, no nos deja avanzar. Como jóvenes nos cuesta vislumbrar el futuro, pero no podemos ser indiferentes y mucho menos coquetear con los vicios, andar por malos caminos con pandillas, drogas, delincuencia.

Muchas veces nos sentimos atormentados por las burlas, la humillación, el acoso, el buling de nuestros compañeros, la vergüenza de la cual somos víctimas, las injusticias de instituciones corruptas y de gente sin escrúpulos, decepcionados por la traición de gente en la cual confiábamos. Todo eso también nos puede conducir a un estado depresivo profundo del cual nos cuesta mucho salir, levantarnos, nos parece que todo se acabó y no merecemos seguir soportando más.

Pero todos queremos en la vida llegar a ser exitosos, tener un buen trabajo, ganarnos la vida de forma digna y disfrutar de las cosas buenas que tiene la vida, todos queremos lo mejor de lo mejor y por eso siempre andamos buscando como alcanzarlo, como lograr llegar a la cima del éxito y casualmente de eso se trata este libro, de emprender un viaje alrededor de nosotros mismos para conocernos, descubrir que es lo que queremos y disfrutar al máximo con nuestros amigos y familia independientemente de que las cosas no se vean bien por todos lados en el mundo real.

Y casualmente todo eso lo puedes lograr, todos podemos a como dice el título de esta obra, sí, todos podemos conquistar lo más preciado, lo más anhelado, lo que siempre hemos soñado. Pero para ello debemos de comprometernos en hacer unos pequeños ajustes para sintonizarnos con el universo, estar en armonía con esa fuente inagotable de energía y poder llegar a ese mundo anhelado.

1.- Los desánimos son las primeras señales a atender.

Los desalientos, los desánimos y fracasos no nos dejan avanzar son un obstáculo que nos producen un profundo dolor, un abatimiento total que nos hace sentir miserables, pensamos a veces que no merecemos la existencia porque creemos que no hemos sabido vivir, o porque creemos que lo que hemos vivido ha sido suficiente y ya no nos interesa continuar más. Otras veces porque pensamos que hemos desperdiciado las oportunidades que nos ha regalado la vida, creemos que todo no tiene salida, que estamos atrapados en una cueva oscura con una gran roca en la entrada sin poder escapar, y a veces siendo extremistas creemos que pende sobre nosotros la pena de muerte, sentimos que estamos a un paso de ser decapitados, hasta escuchamos la sentencia final, el bullicio del gentío que espera nuestra ejecución.

Ese estado de desesperación o de turbación al que llegamos hace que nos sintonicemos en una onda negativa, que las cosas las veamos de color negro y gris sin poder discernir lo bueno que puede estar a nuestro alrededor o que quiere entrar a nuestra vida, simplemente estamos rechazando todo lo que viene a nosotros como que nos cubrimos de una caparazón, nos encerramos en nuestra propia torre de marfil, pero ¿para qué?, si de todo eso nada bueno podemos obtener, más bien vamos a rechazar a todos los que se nos acercan con buenas intenciones y continuamos empecinados en esa espiral negativa hacia abajo, hacia la profundidad del oscurantismo, hacia nuestra perdición.

Un amigo al que estimo mucho me decía que a veces él ha sentido en esos momentos de turbación como que no somos nada, llegamos a creer que todo está perdido, sentimos que ya no somos dignos de un poco de compasión, nos sentimos tan insignificantes que creemos no merecer el más mínimo gesto de consideración. En tales circunstancias a veces perdemos la razón y llegamos a conclusiones erróneas que nos hacen tomar decisiones equivocadas como el hecho de querer quitarnos la vida o dejarnos morir en vida, que a veces es lo mismo, creemos que somos merecedores del mas horrendo castigo.

Cuando nos dejamos vencer por el desaliento, por el desánimo y no somos capaces de levantarnos de las caídas, cuando nos quedamos en el suelo quejándonos de lo infortunado que hemos sido, pataleando y lloriqueando como niños por la caída que hemos tenido sin saber que en ese preciso dolor, que esas heridas son las de valor que más bien te van a dar el temple que necesita tu vida para no desmoronarte con una leve brisa.

Cuando nos dejamos vencer por el desaliento, por el desánimo, porque nos sentimos fracasados, derrotados llegamos a ese punto de bifurcación entre el que decide levantarse y luchar para vencer, o el que decide no levantarse y dejarse morir porque no quiere seguir soportando más dolor, no quiere seguir sufriendo más.

Si dejamos escapar la voluntad de nuestras manos, comenzamos a perder la dignidad y la autoestima, comenzamos a castigarnos, a veces nos da por ingerir exageradamente alimentos, bebidas, drogas que sabemos que nos hacen daño, pero no nos importa y comenzamos a hacer cosas descabelladas y peligrosas, nos volvemos temerarios como demostrando el menosprecio por la vida, o agresivos tratando de maltratar a quienes nos rodean para despertar así el odio de las otras personas y a veces llegamos a sentir un poco de satisfacción, o lastima por nosotros mismos, ya que no podemos obtener amor. Llega un momento en que no somos capaces de ver nuestros propios complejos y buscamos como darle una explicación lógica a lo que nos está sucediendo, pero sin aceptar que somos nosotros mismos los causantes de lo que nos está pasando.

Nuestros valores se transforman en valores patológicos como una negación a todo lo bueno de la vida y al sentirnos incompetentes de poder apreciar esa belleza, queremos proceder de forma contraria para destruirlo, para castigarlo y demostrar que lo bueno no existe, que solamente hay maldad en este mundo.

¿Pero usted cree que solo maldad hay en este mundo?, no señor eso es falso, no hay que pensar asi de esa manera porque nos negamos nosotros solos. Recuerde que usted ha venido a esta tierra por un propósito que tal vez en este momento no lo conoce, pero si ha logrado triunfar en la competencia de la vida siendo el primero en llegar ganándole a un millón de competidores. No se puede declarar vencido cuando a este mundo hemos venido a ser felices.

Miles de gentes caminan por el mundo, destruidos, secos de corazón, marchitos de amor y tratan de llenar ese vacío con maldad, con dolor infringiendo daño, y destruyendo las obras de fe, de amor y esperanza.

Esos seres secos, vacíos llenos de odio y maldad se encargan de hacerle la vida insoportable a todos aquellos que sienten alegría por la vida, que tienen deseos de vivir y que irradian amor a todos los que le rodean. Pues no tenga la menor duda que son esos seres los que hay que evitar, porque su consigna es destruir y hacer daño lo más que se pueda, ya que no son capaces de amar o dar amor.

Pero no creamos que esos corazones llenos de odio y maldad son detectables a simple vista, pues no, es al contrario, se nos presentan continuamente transformados en mansas e inocentes ovejas, pero por dentro llevan en sus venas la sed de venganza, de destrucción y maldad.

Así que si usted está dispuesto a darse una oportunidad, a tratar de vivir una vida mejor, pues el primer paso es alejarse de esas personas, de esos seres que quieren hacerle daño, recuerde que el que con lobos anda, a aullar aprende. Así que manos a la obra, comencemos a escapar de esa zona de peligro, de esa zona donde usted se siente atrapado y sin posibilidades de sobresalir porque todos sus esfuerzos van a ser boicoteados.

Un amigo me decía que no sabía cómo hacer para saber lo que le pasaba, él no se explicaba cómo podía sentirse tan miserable y desdichado si tenía una buena esposa, unos hijos extraordinarios y cariñosos y sobre todo no le faltaba el trabajo, tenía un trabajo envidiable en estos dorados tiempos cuando hay escasez en todos lados, el ganaba lo suficiente para mantener a su familia, a sus hijos, su casa, su carro.

Claro, a este amigo le hacía falta algo, su mundo estaba lleno de dudas, su infancia lo había dejado marcado por una niñez muy difícil dentro de una familia disfuncional, a como pudo logro alcanzar muchas cosas y abrirse paso en la vida, pero sentía que aún no había logrado lo suficiente, no estaba tranquilo consigo mismo sentía que debía lograr más, que debía de tener más en la vida y por eso su intranquilidad, su inconformidad, su decepción por la vida. No hay peor cosa que verse envuelto en ese sopor de insatisfacción, de no saber lo que uno quiere, es un estado emocional con sabor amargo, que todo te molesta, te incomoda, nada te hace gracia, no logras apreciar el maravilloso caleidoscopio de colores de la vida, no logras ver los milagros de cada día, de lo maravilloso que es vivir.

Es terrible estar en ese tormento, en esa duda, en esa incertidumbre porque tarde o temprano te puedes desmoronar, puedes perder el equilibrio y fácilmente ser tentado por los caminos torcidos de la vida. Es por esa razón que es necesario que hagas un alto en este momento de tu vida, que trates de reflexionar un poco y puedas analizar lo que a continuación sigue.

2.- Evaluemos donde nos encontramos

Es hora de que hagamos un alto y nos preguntemos a nosotros mismos varias cosas, asumamos que estamos frente a un espejo cara a cara, viéndonos a los ojos, viendo las expresiones de nuestra cara, viendo la figura de los labios y preguntarnos: ¿Cómo te sientes en estos momentos?, ¿qué dice tu corazón?, ¿lo has escuchado últimamente?, ¿estás satisfecho contigo mismo?, ¿crees que has hecho lo suficiente hasta ahora?, ¿tienes a tu lado al ser amado?, ¿eres feliz?   ¿O por el contrario, andas perdido por esos caminos áridos, vacíos que te llevan a ningún lado?   ¿Llenas tu existencia últimamente con amigos que te llevan de fiesta en fiesta para olvidar las responsabilidades o los problemas? ¿O has caído en el vicio del alcohol o la droga? ¿Oh crees estar en una posición llena de fama, riqueza, celebridades, conciertos a granel?

Pregúntate ahora mismo, ¿dónde está tu madre, tus hijos, tu esposa, tu hermana? ¿Tienen que comer?, ¿tienen un techo digno donde estar?, ¿tus hijos tienen educación?, ¿asisten a la escuela?, ¿no le debes a nadie?, ¿has cumplido todas tus obligaciones?

Pero la pregunta más importante es: ¿Tu como estas? ¿Cómo te encuentras en estos momentos? ¿Te sientes realizado y satisfecho contigo mismo? ¿Qué te preocupa, que te tiene abrumado?

No es necesario que estemos juntos para podernos comunicar y entender, comprender lo que te sucede y quedarme a tu lado dándote toda mi compañía, mi comprensión y mi apoyo incondicional. Eres uno más de nosotros que lucha por la vida y por un mundo mejor.

Si estas preguntas han provocado confusión y dolor en tu corazón, no te mortifiques porque significa que aún están vivas ciertas fibras de sensibilidad, tu alma no ha muerto y puedes retornar a ese mundo que ha sido creado para ti.   Ya no continúes solo caminando sin rumbo cierto, como alma en pena sintiendo frio y soledad en tu corazón, ya no sigas castigándote y maltratándote, tienes que saber que hay muchos como tú que han recuperado nuevamente el sentido de la vida, la alegría por vivir, y han llegado a la conclusión que vale la pena esta vida.

Hay muchos testimonios de hombres y mujeres como tú y como yo, que en determinado momento de sus vidas perdieron las ganas de vivir, que se sumergieron en lo más profundo de los vicios y la adicción por las drogas. Muchos han creído que el mundo de los vicios era el lugar indicado para olvidar los problemas con que se enfrentaron en determinada etapa, creyeron que iba a ser temporal, que solamente era momentáneo para olvidar un poco la aflicción y el dolor que le provocó la pérdida de un ser querido, a lo quiebra de su empresa, o la ausencia de sus padres, sus hijos, la pérdida de su trabajo.   La soledad, a veces tan incomprendida porque podemos estar rodeados de muchas personas pero al mismo tiempo sentirnos solos, sentir que a nadie le importamos, que no valemos ni un comino.

Las cosas no necesariamente son lo que parecen, detrás de cada objeto que se alumbra también se proyecta una sombra que más o menos refleja su perfil, pero lo que vemos puede estar alterado por la perspectiva desde donde estamos y también de cuan emocionalmente afectados nos encontremos, por lo tanto nada es verdad ni mentira sino según el color del cristal a través del cual se mira.   No hay que fiarse de los sentidos para juzgar las cosas, siempre debe de haber una pequeña dosis de escepticismo en todo para poder discernir lo que está sucediendo o nos pasa.

Por lo tanto no tomes decisiones apresuradas para no llegar a conclusiones equivocadas, todo lo que nos pasa en esta vida está íntimamente relacionado con lo que somos, con lo que tenemos y hemos estado haciendo los últimos tiempos.   O sea que lo que nos está pasando es la resistencia o la manifestación que tiene el medio donde nos movemos o desplazamos en la vida, todo está en perfecta armonía y si sentimos que algo nos hace falta, pues el universo se encarga de suministrarnos eso que venga a equilibrar las fuerzas dentro de nuestra vida que independientemente de nuestros deseos puede ser negativo o positivo todo estará en dependencia de la actitud de nosotros hacia la vida.

Lo esencial de la vida es el amor, que se encuentra oculto a los ojos pero solo con el corazón se puede ver ya lo decía Antoine de Saint-Exupery el creador de El Principito, por eso es tan fácil confundirse, perderse y aturdirse buscando algo que no vemos y no sabemos dónde encontrarlo.   Nada se logra sin amor, por el contrario todo lo que se hace sin amor está vacío, sin contenido, sin sentido, sin satisfacción, sin sabor.

El amor no es solo el sentimiento hacia otra persona, es más que eso, es la empatía hacia los demás, puesta en práctica en obras, en acción. No descansamos hasta que nuestros semejantes, nuestros seres queridos se encuentren resguardados, protegidos, auxiliados, hasta que hemos dado nuestro último aliento para lograr esa misión, de lo contrario nos sentiremos mal con nosotros mismos, cosa que no nos perdonaríamos.

En ese contexto de desprendimiento no hay cabida para la soledad, para el desánimo ni el abatimiento, el desaliento no puede permitirse mientras existan otros que estén en peores condiciones que yo y su sufrimiento sea mayor. Así que tenemos algo para preguntarnos:

    a)   ¿De dónde surge mi aburrimiento?
    b)   ¿Por qué razón soy rebelde?
    c)   ¿Se lo que quiero para mí?
    d)   ¿Quiénes son mis héroes favoritos?
    e)   ¿Cómo valoro a mis padres?

3.- Con quienes contamos para disfrutar lo que deseamos.

Hay etapas de la vida en que todo lo que hacemos lo queremos compartir y disfrutar con los amigos, desde los partidos de futbol, las salidas a las fiestas y discos, los paseos al bosque, caminatas o turismos ecológicos. Nos sentimos felices y contentos de saber que el fin de semana tenemos un encuentro con el equipo contrario y desde ya nos estamos preparando para enfrentar a nuestros rivales, se convierte en una prioridad y todo es algarabía, no dejamos de comentar sobre eso, nos absorbe todo el tiempo y siempre que vemos una oportunidad para compartirlo lo aprovechamos porque nos sale desde muy dentro, se ha convertido en parte de nosotros.

Luego vienen otras etapas donde ya los amigos no son los que nos absorben todo nuestro tiempo sino que ahora es la familia y los hijos, estamos enfrascados en otras tareas y compromisos, nos absorbe el tiempo la educación de los hijos, las cosas de la casa, el coche, la atención a la familia, los planes recreativos aprovechando las vacaciones de año. El tiempo se va que vuela y no queda para hacer muchas cosas entonces tenemos que priorizar pero no podemos dedicarnos a una sola cosa porque el sistema se descompensa, se desajusta y las cosas a la final no saldrán como esperábamos.

Como en todas las cosas siempre hay un pelo en la sopa, cuando no somos conscientes de que todo debe de estar en armonía, cuando las cosas se salen de nuestro control, cuando de forma consciente o inconsciente desatendemos nuestras obligaciones y compromisos, entonces el tren se descarrila y ya nada sale bien, todo es caos, catástrofe, a veces se destruyen familias, se resquebrajan hogares, todo se vuelve confusión y en vez de asumir la responsabilidad ahondamos más el daño, hacemos que las cosas se compliquen aún más.   Perdemos el control de nosotros mismos, perdemos la noción del tiempo y no somos capaces de prever el tsunami que se avecina hasta que somos arroyados y arrastrados inmisericordemente hacia las profundidades del desastre.

Cuando ya todo está consumado, cuando no tenemos nada y nos vemos deambulando por entre los escombros y las ruinas de lo que ha quedado es cuando nos surge la amargura, la pesadumbre, el dolor y el remordimiento por todo lo que ha pasado, nos atormentamos con sentimientos de culpa cuando ya no hay nada que hacer.

Bueno, espero que a ti no te llegue a suceder todas esas cosas negativas que en este momento muchos pueden estar sufriendo, no es nada bonito ni constructivo, nada de lo que nos podamos sentir cómodos. Pero eso sí, son cientos de miles los que día a día se atormentan y arrepienten por lo que les tocó vivir, y todo por su propia responsabilidad. Nadie está exento de que en determinado momento nos podamos perder y caer en desgracia.

La idea no es demostrar lo que todo mundo ya sabe y que ha pasado por cientos de años desde que la humanidad tiene uso de razón, no es eso lo que se pretende, hay algo más valiosos y es que si a ti te ha tocado el camino duro y difícil, lo que queremos de todo corazón es que tu no continúes con tu sufrimiento solo, que ya no continúes cayendo en ese abismo profundo de destrucción, que no sigas andando sin rumbo cierto.

Hay miles de personas en el mundo en un estado lamentable porque no saben cómo cambiar su destino, porque son infelices, porque están esclavizados a su pasado, al remordimiento de lo malo que han hecho y el mal que le han ocasionado a tanta gente, porque han creído que cada caída es una derrota permanente, porque se sienten fracasados, unos perdedores y no son capaces de levantar la mirada, de poner la frente en alto, de cambiar las cosas.

A veces el orgullo y la autoestima se han esfumado, y no tenemos el coraje suficiente ni para pronunciar nuestro nombre, pero no acudimos por ayuda porque nos da vergüenza reconocer nuestros errores, de aceptar que hemos fallado en alguna ocasión y nos da miedo que todo el mundo se entere de lo que ahora somos. Pensamos a veces que es mejor pasar desapercibido para no correr el riesgo de ser descubierto por las amistades, compañeros de trabajo o amigos de que no somos lo que ellos se imaginan, que hemos caído tan bajo y que no se han enterado aun de lo que hacemos a escondidas, o donde nadie nos conoce y nadie sabe quiénes somos.

Nos autoexiliamos o aislamos en el anonimato para no pasar la vergüenza publica de explicar lo mal que nos ha ido la vida, pero por eso no hay que avergonzarse porque uno no escoge como nacer en esta vida, ni que desgracias nos van a tocar, tenemos que sortear la vida que nos ha tocado y saber vivirla lo mejor que se pueda.

Muchas veces tenemos miedo de aceptar que nos hemos equivocado, o que hemos perdido el estatus social, que ya no tenemos crédito porque no tenemos para pagar y no podemos mantener la imagen con la cual hemos vivido por muchos años.

Hemos vivido de la mentira engañando a todo mundo de las posibilidades económicas que decíamos tener, hasta nuestros hijos han caído en nuestras mentiras creyendo que sus padres tienen dinero y la realidad es otra que se le ha ocultado toda la vida y cuando surgen los problemas nos duele verle a los ojos y decirles que todo fue porque no querías hacerle sufrir pero ha sido todo lo contrario. Vivir de las apariencias es la expresión de la vanidad humana.

Hay otra clase de personas que se dicen amigos y son los primeros en hacerle daño a uno, muchos de ellos son los que se encargan de ir con el chisme de un lado a otro y muchas veces puras especulaciones, calumnias, mentiras y cuentos, todo para entretener a la farándula a costilla de uno. Claro que esto provoca mucho dolor, indignación hasta llegar al punto de rabia cuando explotamos y con justa razón reclamamos nuestros derechos, defendemos nuestra honra y reputación. Pero hay personas que no pueden hacer eso porque se paralizan, son tímidos, temerosos y les da pánico solo el hecho de pensar que tienen que levantar la voz para reclamar sus derechos, prefieren aguantar las ofensas y hacerse a un lado.

Nunca te dejes lastimar por otros, aunque no tengas la fuerza física suficiente como para enfrentar a tus malhechores, pero tienes tu dignidad y nadie te puede hacer daño, ni humillar, ni lastimar ni herir tus sentimientos a menos que tú lo permitas, nadie puede llegar a tu corazón a menos que tú lo permitas, nada te puede hacer daño ni humillar a tu ser, a menos que tú lo permitas. El miedo a la vergüenza es un monstro bien grande que nos puede aplastar si no logramos vencer nuestro propio miedo, recordar que es producto de nuestra imaginación y por lo tanto va a desaparecer cuando nosotros queramos, se va a desvanecer si no le damos cabida en nuestros pensamientos.

Tenemos que entender que hay buenas nuevas al respecto y que nada ni nadie es invencible ni indomable y sobre todo cuando se trata de nosotros mismos que somos los dueños y amos de nuestro propio ser a menos que el control se lo demos a otra persona.

Busquemos la compañía de alguien en quien confiemos, en alguien con quien podemos contar, que al menos tenga la capacidad de escucharnos, compartir los momentos buenos y malos, y que esté disponible cuando lo necesitemos. Hay que buscar a esos ángeles de la guarda que siempre están disponibles para nosotros, quitemos el escudo que nos aleja de los demás, permitamos que se nos acerquen y nos brinden su compañía.

4.- Todo tiene solución en esta vida.

Hagamos un alto, ya no sigamos atormentándonos porque hay buenas noticias. Lo más hermoso, lo más bello, lo más importante es que todo esto tiene solución, tú tienes una oportunidad más en la vida, te la mereces, debes de dejar de atormentarte y esconderte, dejar de seguir ocultando el verdadero ser que se encuentra en lo más profundo de tu humanidad, dormido sin oportunidad, encadenado a un lecho miserable al que le has condenado solo porque no quieres enfrentar al monstro de los miedos y librar la última batalla.

Muchos nos olvidamos de vivir la vida como se debe, para luego arrepentirnos de todo lo que hemos vivido cuando todo lo que hemos hecho ha sido bajo nuestro libre albedrio, bajo nuestra propia responsabilidad, fueron nuestras propias decisiones las que se materializaron.

Ahora me viene a la mente la historia de un joven empresario de nombre Milton, bien conocido, porque sus hermanos eran amigos míos, que cegado por la soberbia no era capaz de ver que las oportunidades que les estaba dando la vida no eran más que una muestra de lo benevolente que es el universo con todos nosotros, siempre la mano de Dios nos protege y nos guía como verdaderos hijos que somos.

Pero él creía que su éxito era producto de su propia sabiduría y que la buena suerte le acompañaría toda la vida. Él decía que había conquistado el éxito, que su mérito no se lo debía a nadie, que era un profesional exitoso, afortunado en los negocios y que los contratos literalmente le llovían, su cuenta bancaria crecía, las posesiones materiales aumentaban y como el cuento del rey de midas, todo lo que tocaba se convertía en oro. Fue así que creció el ego, en vez de ser agradecido, humilde, se volvió soberbio, se reía de todos los menos afortunados porque decía que eran unos tontos que no utilizaban su inteligencia para generar riqueza, porque todo lo que él poseía se debía a su inteligencia, a su astucia, a su capacidad, a su naturaleza a ser desamorado, porque solo los pusilánimes, los débiles, fracasan en la jungla de la vida y los negocios. Todo lo que poseía según él se lo merecía, todo, la casa que tenia se la merecía porque era muy hábil y se la había ganado, que los contratos le llegaban porque las empresas reconocían que él era el mejor y que no había nadie que pudiera competir contra él.

Y un día vinieron sus hermanos a pedirle que les ayudara porque no tenían trabajo, que sus familias estaban pasando apuros, los estaban sacando de sus casas porque no tenían para pagar la renta, no tenían para pagar el colegio, no tenían para comprar el uniforme de sus hijos, pero él no tenía tiempo para atenderlos porque estaba ocupado haciendo negocios y le decía a su secretaria que les dijera que regresaran otro día porque hoy no podía atenderlos.

Le dejaban razón de que les ayudara a encontrar trabajo, o que les diera trabajo, pero les respondía de que ese no era su problema, de que quien los mando a tener hijos si no podían mantenerlos, para que se casaron si no eran capaces de mantener a su mujer, y que cuando fueran capaces que le buscaran porque él no quería tener trato con fracasados, que solo estaba dispuesto a ayudar a gente esforzada, triunfadora, y que no le molestaran con pequeñeces, que si se les ocurría algún negocio en los que valiera la pena invertir que le buscaran pero mientras tanto que aprendieran a resolver sus propios problemas.

A su madre le prohibió que intercediera por sus hermanos, que no le molestara con los problemas de otra gente que no tenía tiempo para eso, que él se encontraba muy ocupado en cosas más importantes, incluso llegó a decirle que si continuaba insistiendo en eso que mejor que no le volviera a visitar porque le atrasaba con sus cosas, tenía muchos negocios que atender, contratos y documentos que firmar, asistir a reuniones, conferencias, presentaciones, etc. Su mundo era el mundo de los negocios, sentía que había nacido para eso y que no era culpa suya que a la gente no hiciera nada para ganarse la vida, que todos tenían dos manos para trabajar y una cabeza para pensar y que si la cabeza la tenían vacía ese no era su problema. Él se decía así mismo que había nacido para triunfar y disfrutar de la vida, tenía casa, carros, fincas, vacas y caballos de raza pura y también tenía familia, mujer e hijos que los veía de vez en cuando, según los negocios se lo permitían, ellos lo tenían todo, así que no tenían nada de qué preocuparse.

Pero todo lo anterior se acabó de la noche a la mañana, todo se derrumbó como un castillo de naipes, nada quedo en pie, perdió todo, casas, carros, fincas, negocios y también a su familia, todo se acabó, cayó desde muy alto hasta el fondo del foso oscuro de la ignominia y el olvido, se vio obligado a arrastrarse y hasta pedir un trozo de pan para poder comer. Unos socios que tenía se le robaron todo el dinero, dejaron las cuentas de los bancos vacías, cobraron por adelantado varios proyectos y ahora no había recursos para finiquitarlos.

Los suplidores exigían la cancelación de sus facturas, las obras estaban paralizadas, los trabajadores protestaban por sus salarios, los bancos cobrando los pagos vencidos, el declararse en quiebra no fue suficiente porque en varios prestamos su firma figuraba como fiador solidario lo que hizo que hiciera frente con sus recursos personales y al final fueron liquidados y rematados al martillo para poder pagar.

Esta persona después de jactarse de sus riquezas y buena fortuna en un santiamén lo perdió todo, perdió todos sus bienes materiales, sus riquezas, sus casas, todo. Pero lo más doloroso es perder el amor de los seres queridos, que en ese momento quisieras que te acompañaran para que te ayuden a soportar ese dolor, pero que va, se han ido, te han dado la espalda desde hace rato porque tú ya los habías abandonado, los habías borrado de tu vida.

Todo pasa en la vida, todo es pasajero, hasta el más grande bien se esfuma y cuando morimos nada nos llevamos, todo queda en esta tierra, riquezas y fortunas, así como venimos a ella sin nada, así también nos vamos sin nada.

5.- Las cuestiones de orgullo muchas veces esconden algo de nosotros.

Lo más triste es ser insensato, saber que las cosas no están bien, ni con nosotros mismos y no damos nuestro brazo a torcer, lo justificamos diciendo que es cuestión de orgullo y que por la memoria de nuestros antepasados debemos de permanecer firmes en nuestro empecinamiento hasta que los otros cedan pero yo no.

Esa inflexibilidad muchas veces nos ha llevado a cometer los más dolorosos sacrificios, todo por las benditas creencias, creemos que son inmunes a los cambios y por eso preferimos morir en nuestra posición, en apego a nuestras creencias, independiente de que estas ya estén vencidas por el paso del tiempo, la época, los conceptos y valores.

Muchas veces decimos que la madurez viene con el tiempo y la edad, pero no siempre se cumple porque podemos llegar a viejo pero sin cambiar nuestra visión del mundo y juzgamos las cosas como en el siglo pasado cuando ya estamos en la modernidad del nuevo siglo. Ese impedimento de no poder ver el cambio de las cosas, de su dialéctica, de no poder ver los cambios majestuosos de la vida, nos lleva a vivir en un letargo donde todo se oxida y sobre todo las puertas de nuestro corazón.

Entonces ¿por qué no comenzar ahora?, ¿por qué no tratar de movernos en la dirección correcta hacia dónde van los vientos, hacia dónde va el mundo, hacia donde sale el sol? ¿Por qué llevar la contraria? ¿Por qué nadar contra la corriente? ¿Por qué seguir ocultando nuestro rostro de la luz, viendo solo en dirección del lado oscuro?

Refugiándonos en el resentimiento, en el rencor y el odio hacia todo lo que irradia vida, éxito, y triunfo. Aunque hay una máxima que dice que nunca es tarde para comenzar, así es, estas en todo lo correcto, pero, por qué no comenzar ahora, cuando tienes vida, salud y energías, eres joven y puedes emprender el camino con más agilidad, que cuando has dejado pasar mucho el tiempo.

Cuando y te percatas ya los años pesan, ya no tienes las mismas fuerzas para volver a comenzar, tus manos han perdido las destrezas de cuando joven, tu rostro no es tan reluciente como cuando mozo, tus fuerzas no están para competir ni aguantar, la salud esta maltratada, quebrantada y hasta entonces te vas a preguntar: ¿Que he hecho de mi vida?, ¿Cómo vuelvo atrás para comenzar de nuevo?, ¿Por qué estoy solo? ¿Dónde está mi familia? ¿Que se hicieron mis hijos?, ¿Por qué todos me han abandonado? O tal vez recurres al consuelo de decir: si tuviera diez años menos y volviera a comenzar ahora si no me equivocaría.

Esos lamentos ya no tienen sentido, son palabras necias que se lleva el viento y lo único que vale es enderezar tu vida para aprovechar los últimos años de aliento que te quedan, morir con el alma tranquila, con un poco de dignidad y tratar de enmendar todo el daño que hiciste a todos los que te rodearon, que se acercaron con buenas intenciones, mientras que tú los insultaste, menospreciaste, los humillaste.

Ese sentimiento de superioridad frente a los demás, esos gestos despreciativos hacia todos. La soberbia que se incrusta en nosotros muchas veces es la causa de nuestra perdición, nos creemos más que Dios, la vanidad hice que nos encumbremos más alto que las águilas y la ambición hace que nos olvidemos de la familia, la codicia fue envenenando y asfixiando a todos, a tus amigos, familia, a tu mujer, a tus hijos, y ahora ¿qué tienes?, nada, nada, absolutamente, nada.

Aquellos que te adoraban, que te admiraban y te tenían aprecio, poco a poco se fueron intoxicando de tu veneno, de tu indiferencia, de tu insensibilidad, de tu falta de empatía o más bien por tu egoísmo, por tu vanidad, por todos aquellos males que abrigaste en tu corazón y llegaste a pensar que eras sempiterno, que todo te lo merecías en la vida.

Toda victoria es pasajera, todo triunfo es efímero y nada resiste el pasar del tiempo, todo se convierte en polvo que es de dónde venimos y a donde vamos, y nada nos llevamos, pero lo más grande es saber morir orgulloso de verse rodeado de la gente que más quieres, que amas, de tu familia y tus hijos, que sientes en lo más hondo ese sentimiento de amor, de extensión de tu ser que se ha proyectado en otros seres y no han renunciado a ti, que se sienten parte de ti y tu a través de ellos te estás extrapolando al tiempo, a la razón y tu recuerdo perdurara en sus memorias por muchos años más allá de tu existencia.

Recuerda que en el universo todo está en movimiento y el movimiento es energía y vida, por lo tanto debemos de estar en consonancia y armonía con el universo y la vida, la vida también es energía y movimiento, así que debemos de salir del letargo y movernos, comenzar a caminar en la dirección correcta, en la dirección de nuestras metas y propósitos, debemos de comenzar ya y no dejar las cosas para mañana.

"La mayor rémora de la vida es
la espera del mañana
y la pérdida del día de hoy."
(Lucio Anneo Séneca)

6.- Resumen

Ten presente que eres el milagro más grande del universo, no has venido a este mundo por casualidad sino que has sido producto de una gran amor, de la unión de dos seres que le concibieron por amor, unieron sus genes para darle a usted vida, aliento, espíritu y talento, todo se fusiono en un crisol que lo gesto por nueve meses hasta que usted abrió sus ojos y dio su primer grito de vida, por eso usted es especial, no es cualquier cosa, es un milagro de la naturaleza con una misión única y un propósito particular.

Las frustraciones, desánimos, desalientos son apenas pequeñas molestias en el camino de la vida, lo más importante es hacia donde uno se dirige, que misión trae y que huella va dejando. Sobre todo no permitir que un nubarrón le distraiga o lo disuada de su propósito, recuerde que después de cualquier tormenta siempre sale el sol, que detrás de la noche viene el día, y que la luna gira alrededor de la tierra, así como la tierra alrededor del sol y usted es un ser afortunado, de ser un milagro en vida.

Nunca olvides que lo primero son tus padres, nunca los abandones o dejes desamparados porque el hombre que honra la memoria de sus viejos es un hombre de bien y progreso, es un ser protegido por la creación, por el respeto a los padres por ahí comienza la bendición del hombre.   El joven debe de procurar siempre serle fiel a sus padres respetando sus decisiones, escuchando sus consejos, no siendo desobediente, no siendo un dolor de cabeza y preocupación de su madre y su padre, no siendo indisciplinado, no juntándose con pandilleros y amantes de los vicios, las drogas, los juegos de azar, y la delincuencia que eso nada bueno deja y a la cárcel puedes ir a parar.

"Al que maldice a su padre o a su madre,
se le apagará su lámpara
en medio de las tinieblas."
(Proverbios 20:20)

De más está decir que aparte de los padres, hay que cuidar y proteger a la familia ante todo, la familia es sagrada, la familia es la esencia de la sociedad y en ella se nutren los hijos de valores para llegar a ser hombres de bien.   Tú tienes mucho que dar al respecto y por lo tanto si la casa no está en orden pues es por ahí donde hay que comenzar, no te confundas, no busques por otro lado es por ahí donde hay que comenzar.

¿Sabes una cosa? No hay que ser como el empresario de nuestro relato que se llenó de soberbia porque consideraba que el dinero era más importante que todo, más importante que la familia, la esposa y los hijos, menospreció a sus padres, humilló a sus hermanos y todo eso para qué, de qué le sirvió si a la final se quedó sin dinero ni nadie que le ayudara.   Recuerda que con un poco de bondad y compasión por los más pobres, los necesitados, ni más rico ni más pobre te vas a volver.

Es triste ser insensato, saber que todo está mal pero no damos nuestro brazo a torcer. Lo justificamos todo diciendo que es cuestión de orgullo. Nos aferramos a nuestras creencias y nos mantenemos firmes sin darnos una oportunidad, sin ser flexibles, somos duros en nuestro corazón y para con nosotros mismos.   Debemos de darnos una oportunidad, el querer cambiar y dejar atrás ese mundo de resentimiento es querer volver a nacer, volver a vivir.   No es bueno cargar ese enorme peso del resentimiento, de los odios y sentimientos de culpa, todo eso debemos dejar atrás, debemos de limpiarnos completamente, debemos de aligerar la carga, no tiene sentido que continuemos torturándonos hasta el fin de nuestros días.

Ahora manos a la obra en esta gran tarea de querer un cambio para buscar algo mejor en nuestra vida, no todo se logra de la noche a la mañana cuando llevamos años de abatimiento, pero hoy estamos de fiesta, mis felicitaciones porque estamos dando ese pequeño pero gran paso que hará de nosotros un ser grande, maravilloso y admirable, volveremos a ser personas amadas y con capacidad de amar, con esa capacidad de poder apreciar nuevamente lo bello de esta vida y poder cantar, reír, gozar y ser feliz.

Sugerencias

1. Busquemos un cuaderno que lo vamos a dedicar exclusivo para llevar la información de todo el proceso de cambio que queremos dar.

2. Hagamos una lista de la familia y parientes cercanos con los cuales nos relacionamos y en un extremo de la lista pongamos una marca indicando como está la relación buena o mala, una [X] o un [✓].

3. Hagamos una lista de conocidos, no importa el número, sean estos compañeros de trabajo, amigos de la organización, iglesia, vecinos, etc.

4. Hagamos una lista de los amigos que tenemos, con los cuales nos vemos con frecuencia, que le contamos y compartimos nuestros problemas, que los consideramos amigos íntimos o simplemente buenos amigos que estamos seguros que si tenemos problemas nos van a dar una mano.

5. Escriba cuales considera usted que han sido los momentos más felices de su vida, esos momentos inolvidables que cada vez que los recuerda siente una gran añoranza, una gran

alegría y felicidad y que daría cualquier cosa para que se volvieran a repetir.

6. Escriba cual es el momento más feliz del último año de su vida, no lo confunda, estamos hablando del último año de su vida y mencione a las personas que participaron con usted. Si han sido muchos momentos pues menciónelos todos para ver cuantos han sido.

Dese su tiempo para poder escribir todo estos ejercicios, no subestime la importancia de este ejercicio y sobre todo es necesario que sea escrito si es posible con su puño y letra, que sea usted el que vierta las palabras sobre el cuaderno y pueda establecer una comunicación con su yo interior, con ese mundo que está ahí, que es parte de su vida y necesitamos conectar.

Podemos continuar con lo que viene que es…

Capitulo II

Mundo real vs mundo ideal

A veces uno cree que la vida se compone solo de momentos felices y nos frustramos porque no alcanzamos ese parámetro, ese nivel, que no lo vemos a nuestro alrededor, muchos no entendemos cómo la gente puede estar feliz si el mundo se está cayendo a pedazos, hay catástrofes, terremotos, huracanes, guerras por todos lados, hay tanta pobreza y miseria en este mundo que como podemos hablar de felicidad.

Pues el estado convulsionado del mundo y las sociedades nos dicen que las cosas no parecieran conllevar a la felicidad, pero la felicidad no es más que un estado anímico de los seres humanos, algo que nos indica que tan realizados nos encontramos en la medida que sentimos que hemos alcanzado nuestras metas o se han cumplido nuestras expectativas, por lo tanto la felicidad no es algo permanente ni mucho menos un estado invariante, sino más bien es un conjunto de emociones positivas que nos inducen a sentirnos bien con nosotros mismos y con los que nos rodean, en ese estado de felicidad somos más positivos y vemos el mundo con otros ojos, vemos las cosas sin problemas, sabemos que todo se tiene que solucionar, abrigamos la fe porque sabemos que solo lo bueno puede venir y no aceptamos un **"no"** como obstáculo.

7.- La felicidad es una filosofía de vida

La felicidad es una filosofía de vida que nos dice cómo debemos de llevarla sin frustrarnos, sin sofocarnos, sin desalentarnos, a pesar de las adversidades.   Mucha gente se siente insatisfecha consigo mismo, a veces porque creemos que no hemos sido muy afortunados en algo, o de acuerdo a nuestro punto de vista no hemos sido exitosos, ya sea en los estudios, en el trabajo, en las relaciones amorosas, en el hogar y así sucesivamente.

Siempre andamos en busca de algo que nos parece que en otro lado está mejor que a nuestro alrededor y en eso nos equivocamos, siempre nos estamos comparando con los demás, de cómo les está yendo a otros y por qué a ellos las cosas les salen mejor.

Algo típico de los seres humanos es que nunca estamos satisfechos con lo que tenemos, siempre nos parece que al otro lado se encuentra el trabajo mejor, siempre estamos indagando o preguntándonos si nuestra escogencia fue la más acertada o no, que cuanto estamos ganando y cuánto ganan los demás, que cosas materiales tienen otros y porque nosotros no tenemos algo igual o mejor, que puede ser el auto soñado, la casa ideal y así una gran cantidad de cosas que no tienen sentido, pero en ese preciso instante para nosotros si lo tiene y lo es todo.

Significa que por la creencia o la comparación que estamos haciendo, llegamos a conclusiones equivocadas y nos mortificamos, nos criticamos y al final nos reprochamos porque no hemos sido lo suficientemente exitosos en la vida, cayendo en una espiral de insatisfacción que nos arrastra al desánimo, a la desesperación por querer obtener más de lo que hemos logrado o lo que tenemos. Esa semilla de insatisfacción, de descontento con nosotros mismos por nuestros resultados y azuzados por la vanidad y la envidia puede que nos impulsen a buscar caminos oscuros, destructivos y de perdición.

Así que nuestra meta es cambiar radicalmente esa percepción porque es una ocupación estéril, infantil y sin valor alguno, todo lo que tú tienes en la vida es lo que te has ganado, sino tienes más es porque no te ha tocado, no has tenido las oportunidades o porque no has sabido aprovechar lo que tienes o lo que te ha llegado, por lo tanto no debes de lamentarte, quejarte o martirizarte diciéndote cosas como que eres un inútil que nada puedes, pues no es así, deja de llenarte la cabeza con pensamientos negativos.

Mira a tu alrededor y da las gracias por lo que tienes, por lo que has alcanzado y aprécialo, no debes de fijarte en los demás, en que cosas tienen los demás, porque eso te puede llevar a un sentimiento que se llama envidia y es una muy mala consejera que te puede echar a perder todo lo bueno que eres y lo poco que has andado.

Un envidioso es capaz de hacerse daño así mismo con tal de que la otra persona sufra más, ¿no sé si has escuchado o leído la fábula de Esopo llamada El Avaro y el Envidioso?, bueno te la cuento para que entiendas por dónde queremos ir.

EL AVARO Y EL ENVIDIOSO.

El soberano Júpiter envió al Sol a informarse sobre las voluntades dudosas de los hombres. En ese tiempo, acudieron ante el Sol dos individuos de muy distinta condición, pues uno era avaro y el otro envidioso. El Sol les dijo:

- ¿Qué queréis y qué pedís? Declaradlo en confianza, que os será otorgado cuanto solicitéis: el primero tendrá exactamente lo que pida y el segundo tendrá el doble:

Al oír esto, el avaro quería que el envidioso pidiese primero para obtener él el doble, creyendo que pediría alguna riqueza. Mas el envidioso, entendiéndolo así y considerando que el avaro le tocaría el doble de lo suyo, no pudo encubrir su envidia. Y así pidió que le fuera quitado un ojo, para que al otro le quitaran los dos. Y el Sol, al oír esto, sonriéndose, subió a lo alto hacia el dios Júpiter y le contó hasta qué punto la envidia reina entre los hombres: actúan de tal modo que sus semejantes se vean en peores daños y desgracias. (Fabula de Esopo)

El envidioso es el ser más deplorable que hay, es capaz de aceptar sufrir algún daño con tal de que la otra persona sufra el doble o le caiga una desgracia mayor, el envidioso lo encontramos en todos lados tiene una mente enfermiza y no puede ser feliz porque le molesta que los demás sean más felices que él, no pueden celebrar el triunfo de los demás, no soportan que otras personas tengan mejores resultados que él, es lamentable que los encontremos en todos lados, en la escuela, en el trabajo, en el vecindario.

Siempre me ha impresionado el pasaje de la biblia de Caín y Abel, dos hermanos que se llevaban bien hasta que uno de ellos sintió envidia, no pudo soportar que las ofrendas de su hermano fueran mejores que las de él, o fue su interpretación de los hechos que le pareció que las ofrendas de su hermano agraciaban más a Dios y que las suyas no eran tomadas en cuenta, entonces sintió enojo, ira porque según él, Dios tenia preferencia por su hermano. No se pudo contener y mato a su hermano, fue la envidia la que le domino hasta tal extremo de quitarle la vida, creyó que de esa forma se vengaría del agravio que le había hecho su hermano porque no podía ser mejor que él y no podía ser humillado según su apreciación, según sus pensamientos, según su corazón.

Los celos siempre están dentro de nosotros, todos los seres humanos hemos experimentado celos en determinado momento, es un sentimiento natural que ya viene en los genes, los niños experimentan esos celos cuando no quieren que otros niños se le acerquen a su mama o a sus padres, cuando le tocan sus juguetes o le agarran sus pertenencias.   Ese sentimiento que se da en la infancia desaparece con el paso del tiempo en la medida que se va desarrollando el cerebro, se va formando la personalidad y se va adquiriendo madurez.   Dominamos o reprimimos esos sentimientos primitivos para dar paso a unos sentimientos que van de acorde con nuestra sociedad, que son los sentimientos de solidaridad, afecto y empatía hacia los demás.

Los celos pueden degenerarse en sentimientos enfermizos que van más allá de las emociones normales arrastrándonos hacia los más bajos instintos haciendo que nos comportemos como verdaderos seres primitivos o cavernícolas.   Cuantos casos hemos vistos que motivados por esos sentimientos negativos exacerbados en celos enfermizos que nos ciegan en un arrebato de locura que es cuando se cometen los más infames acciones y los más horripilantes crímenes del ser humano, como el caso bíblico de Caín y Abel en Génesis 4, donde Caín mata a su hermano de sangre Abel.

Como jóvenes, como seres humanos debemos de controlar siempre nuestras emociones, ese ímpetu de caballo brioso a punto de salir desbocado, hay que controlarlo.   Es como cuando accionas una pistola el proyectil sale disparado producto de la detonación de la pólvora y los gases expulsan la bala en la dirección deseada. Pero qué pasa cuando no tienes control y no sabes hacia dónde has disparado, puedes herir a alguien o tú mismo salir lastimado.

8.- Puede el entorno ser una trampa o una oportunidad

Veamos este caso que quiero contarte, la historia de James Calvin que una noche de octubre impulsado por los celos asesino a su esposa después de una discusión cuando ella regreso del trabajo, él le reclamo por presunta infidelidad con un compañero de trabajo llamado Robert Luis Dawson de la misma edad que ella.

James un hombre de unos 45 años, mecánico y quince años mayor que ella, se había dedicado a la bebida después que lo despidieron de su trabajo, él se quedaba en casa y pasaba todo el día bebiendo o en los bares departiendo con los amigos. Cuando llegaba a casa ya ella había regresado del trabajo y siempre discutían porque ella le decía que dejara de beber y que más bien se dedicara a buscar trabajo porque los ingresos no eran suficientes para pagar el apartamento, el agua, la luz, y demás gastos de la casa.

¿Que lo llevo a James a tomar esa decisión?, pues sencillamente fueron los celos, y las malas compañías con las que siempre se juntaba para tomar y fumar porros. Eran amigos que no trabajaban, no tenían ni oficio ni beneficio y conseguían dinero para mantener sus vicios, la mayoría de las veces robando. Esas reuniones eran improductivas y siempre terminaban en pleito, les gustaba pasar el rato burlándose de alguno de ellos y siempre eran los más indefensos los que terminaban siendo objetos de las bromas.

James había dicho que ya no asistiría más a ese lugar a pasar el rato, pero las ansias de tomar, fumar y estar parloteando un rato con los supuestos amigos le dominaba y terminaba asistiendo. Estando en ese lugar ya no le incomodaba la situación de no tener trabajo, así como tampoco le interesaba ir a buscarlo, suficiente con que su mujer trabajara y lo mantuviera, según él esa era su responsabilidad. Pero a veces el propio James era objeto de burlas y risas, se burlaban de él diciéndole que de seguro su mujer le era infiel, que era un cornudo y ni cuenta se daba, y ya para ese entonces su condición de desempleado y miembro del grupo de viciosos, le había minado su autoestima y se sentía insatisfecho consigo mismo por no haber encontrado otro trabajo como él había pensado.

La mañana cuando sucedieron los hechos, él se despertó como de costumbre, a la hora que su mujer, Patricia, se estaba alistando para ir a trabajar, la vio cuando salió del baño y que presurosa comenzó a vestirse, ella daba vueltas por la habitación ordenando sus cosas y él, sentado en una silla junto a una mesita de noche, solo la observaba, ella no le prestó atención, ni le dirigió ninguna palabra, porque sabía que siempre que hablaban salían discutiendo.   Él le pregunto de forma sarcástica por qué se esmeraba tanto en arreglarse, por qué se pintaba los labios y si acaso era para alguien en especial, para quien se arreglaba, acaso tenía en el trabajo a alguien a quien quería agradar? Y siempre con las mismas preguntas, la misma cantaleta, que con un tono burlesco, quería reprochar la presentación y vestuario de Patricia, que de por si era muy bonita y agraciada.

Por su lado ella le respondía que al menos en la calle la gente se fijaba en ella, que escuchaba palabras bonitas y simpáticas, mientras que de parte de él solo recibía ofensas y burlas. La menospreciaba y le decía cosas feas que la herían cada día, no sabía hasta cuando ella iba a aguantar, siempre se decía que de mañana no pasaría y le pediría el divorcio, que era mejor que se separaran porque ya el amor se había esfumado hace rato y lo que tenían era una vida de maltrato, reproches y recriminaciones, ambos se hacían la vida infeliz, ambos no se soportaban, además de las preguntas zahirientes, también las respuestas eran cortantes y ponzoñosas como dardos envenenados que se clavaban en el pecho de la otra persona.

Ese día James tomo más de la cuenta como preparándose para lo que había decidido hacer, como para no tener remordimientos y no vacilar la hora de ejecutar su plan, de no sentir compasión ni lastima por la otra persona, la que había sido su compañera de vida por varios años, la que le había jurado amor en un principio. Hoy había decidido saldar cuentas y no dejar pasar más la infidelidad de su mujer, ya no soportaba las burlas de sus amigos, el estaba convencido de que era cierto, aunque no tenía prueba alguna, el juraba que su mujer estaba saliendo con otro y lo engañaba.

Su convencimiento venia por la forma como ella se alistaba cada mañana para ir al trabajo. En la mente se le fijo la idea de que su mujer se acostaba con otro, en su imaginación él miraba que ella se reía de él, mientras hacía el amor con otro, y en ese momento le hervía la sangre, se le nublaba la vista del odio, de la indignación, le faltaba la respiración de solo imaginarse esa escena y que su mujer le devolvía la mirada con una sonrisa burlona. No toleraba más esa burla por eso había decidido que era el momento de saldar cuentas con Patricia, emborracharse era la salida, hacia más humano y comprensible el abominable acto criminal, así no tenía que inventar nada complicado, solo decir – No sé lo que paso, no sé cómo sucedió, no quería hacerlo porque yo la amaba.

Ese iba a ser el argumento, no había que dar más explicaciones, a lo mejor la justicia sería más benevolente y le condenarían a unos pocos años por que el cómo marido agraviado fue presa de un arrebato y además ella lo traicionaba supuestamente pare él estaba más que claro y evidente del por qué la mato.

Esta triste historia termina ahí, James condenado a 20 años de prisión y Patricia en el cementerio, recordada solamente por sus padres que todos los años le llevan flores y sienten terriblemente la pérdida de su adorada hija.

La historia de James es el ejemplo clásico de que la vagancia a nada bueno lleva, las malas amistades te mal aconsejan, te invitan a los vicios, a las drogas, al alcohol, al irrespeto, a la delincuencia y por ultimo eres arrastrado hacia el abismo cuando ya no te puedes controlar, cuando ya no eres dueño de ti mismo. El mundo está lleno de casos como esos, las cárceles están llenas de delincuentes que se arrepienten de sus fechorías y maldicen el día que cometieron el crimen. La cárcel es su infierno en esta tierra.

Hay un dicho popular que dice que el que no oye consejo no llega a viejo, y tanto que lo escuchamos por todos lados pero no aprendemos de ellos, es lo menos que hacemos, le damos la espalda y consideramos que eso no es relevante para nosotros.

Así es la vida llena de caprichos y hasta que nos vemos enredados o atrapados en una de esas historias que tienen un mal fin, es en ese momento que comienza nuestra conciencia a recriminarnos a señalarnos haciendo que surja en nosotros el sentimiento de culpa, el arrepentimiento o pagar las consecuencias de nuestro proceder.

9.- Los tres consejos

Cuenta la historia que una pareja de recién casados la estaba pasando muy mal en el pueblo donde vivían, el joven no conseguía trabajo y la crisis estaba afectando a todos por igual. Un día el joven le comento a su esposa que en un lugar lejano había trabajo, que estaban aceptando inmigrantes y que él creía que debía de ir allá para poder trabajar, ahorrar un poco de dinero y luego regresar para que tuvieran una vida más tranquila y darle las condiciones que ella se merecía.

Se pusieron de acuerdo ambos y él le pidió que le fuera fiel, que también él le seria fiel durante todo ese tiempo que estuviera fuera.

El joven emprendió la marcha y después de varios meses de andar por caminos y veredas logro llegar a ese hermoso y afortunado país donde todo se daba de maravilla, los negocios florecían por todos lados y las empresas constantemente contrataban más mano de obra porque el crecimiento y desarrollo no daba abasto, siempre estaban necesitados de trabajadores.

Llego a un pueblo donde había una granja que la cuidaba un anciano, el joven le pidió trabajo al anciano y este le dijo que sí, que necesitaba gente joven con energías para trabajar.

El joven acepto las condiciones del trabajo y lo único que le pidió al anciano fue que no le entregara el dinero de su jornal, sino que se lo guardara en una cuenta y cuando él se fuera de la granja que se lo diera, él quería ahorrar lo más que podía para poder llegar con algo de dinero a su casa.

El anciano estuvo de acuerdo con el trato y así comenzó este joven a trabajar, con entusiasmo se levantaba a primeras horas de la mañana a preparar el alimento de los animales, darles de comer, limpiar las barracas, etc.

El joven trabajo con ese entusiasmo, ahínco y dedicación durante 20 años, sin descanso ni vacaciones hasta que llegó el momento de partir, le dijo al anciano que ya era hora de partir, que consideraba que había trabajado lo suficiente y que era hora de regresar a casa. Le pidió su dinero para emprender el viaje de regreso, feliz y contento de que el tiempo se hubiera pasado como en un santiamén. El anciano le dijo, está bien, hemos hecho un trato y yo te tengo tu dinero que te lo voy a entregar ahora mismo, pero quiero hacerte una propuesta y es la siguiente: Te doy tu dinero y nos despedimos en este momento o te doy tres consejos y no te doy el dinero.

El Anciano le dijo que cuando él era joven también tuvo necesidad de emigrar a otras tierras en busca de mejores oportunidades que las encontró y en el camino también le hicieron esa propuesta que hasta el día de hoy no se arrepiente, pero piénsalo bien le dijo, no te apresures a tomar una decisión, ve y medítalo con calma.

El joven la pensó varios días, hasta que se decidió y fue a buscar al anciano, le dijo. – deme los tres consejos, ya lo he decidido. El anciano le volvió a repetir las condiciones y es que si le daba el dinero no le daría los consejos y si le daba los tres consejos, entonces no le daría el dinero. El joven estuvo de acuerdo en recibir los tres consejos y le dijo al anciano que ya lo había decidido que así seria, recibiría los tres consejos y se marcharía de regreso a su casa.

El anciano le dio los tres consejos para que los guardara en lo más profundo de su corazón:

1. Nunca tomes atajos en tu vida. Caminos más cortos y desconocidos te pueden costar la vida.

2. Nunca muestres curiosidad por aquello que viene de lo malo. La curiosidad por lo malo puede ser mortal.

3. Nunca tomes decisiones cuando estés dominado por la ira, el odio y el dolor. El arrepentimiento puede llegar demasiado tarde.

El anciano después de darle los tres consejos y por el afecto y cariño que le tenía le obsequio tres panes y le dijo: - Estos dos panes es para que te los comas durante el camino, sé que la jornada es muy pesada y tendrás necesidad de alimentarte. Pero, este otro solamente te lo comes con tu Esposa cuando ya estés en casa.

Te agradezco el tiempo que me has servido que lo has hecho con mucha responsabilidad, abnegación y disciplina, tienes grandes cualidades en tu persona, pero recuerda bien los tres consejos, no los subestimes.

El joven que ahora era un hombre después de pasar tantos años emprendió el camino de regreso a casa, con todas las ansias de regresar y volver a ver a su esposa que tanto amaba.

En el camino de regreso se encontró con un hombre que lo saludo y el aprovecho la ocasión para preguntarle cuanto le faltaba para llegar al pueblo más cercano, el desconocido le dijo que por el camino que llevaba le tomarían más de veinte días, pero si tomaba ese atajo llegaría en unos pocos días, el joven contento por lo que había escuchado emprendió la marcha por el camino del atajo que le había mostrado el desconocido.

A los pocos pasos de andar por el nuevo camino, se recordó del primer concejo que le había dado el anciano, de que nunca hay que tomar atajos en la vida, por lo que inmediatamente se regresó al camino normal que llevaba. Al llegar al pueblo se enteró que por el camino del atajo había una banda de delincuentes que despojaban y asesinaban a todos aquellos que tomaban el camino del atajo porque era un camino solitario y abandonado, nadie transitaba por él.

Después de andar varios días en su trayecto de regreso a casa, ya estaba próximo a su pueblo pero aún le quedaban varios días de jornada. En uno de los pueblos a orillas del camino, se dispuso a descansar en un hospedaje cuyas habitaciones daban directamente a la calle. Se ducho y se dispuso a dormir plácidamente para reponer las energías y así continuar la jornada que faltaba poco por andar.

En la madrugada unos gritos le despertaron, parecía de alguien en apuros pero no lograba ver nada a través de la ventana, no sabía exactamente de que eran esos gritos, parecían de alguna mujer que se lamentaba y se reía a carcajadas, pero no sabía con certeza de que se trataba.

Abrió la puerta y se disponía a salir a la calle para descubrir de donde provenían esos gritos, pero cuando se disponía a salir, se acordó del segundo consejo y se regresó a la cama, cerró la puerta bien asegurada y se durmió nuevamente hasta la mañana siguiente que se despertó.

Cuando estaba desayunando el dueño del hotel le pregunto si había escuchado unos gritos en la madrugada, y él le dijo que si los había escuchado. Y el dueño de la hotel le pregunto si no sintió curiosidad de ir a ver lo que sucedía afuera, a lo que él le dijo que no. El dueño de la posada le dijo, usted es muy afortunado porque hay una mujer allá afuera que se hace la loca pegando gritos y cuando algún huésped sale a ver qué pasa, sus compinches lo asaltan, le roban y lo dejan mal muerto. A más de alguno han matado esos delincuentes y no los han podido capturar, siempre andan haciendo de las suyas.

Por fin el joven llego a su casa al final del día cuando caía la tarde, se aproximó pero no se atrevió a entrar, tenía una corazonada pero no sabía que cosa era, así que decidió asomarse por la ventana para ver que había dentro de la casa.

Cuál es su sorpresa que vio a su esposa sentada en una silla junto a la mesa y a su espalda un joven la abrazaba y tenía recostado su cabeza sobre su hombro, ella le decía algo que él no lograba oír, pero en ese momento todo se nublo, sentía que se volvía ciego de la ira, la cólera y los celos, como era posible que el amor de su vida ahora estaba con otro hombre.

Después de secarse el sudor de la frente y las lágrimas de los ojos de la furia en la que se encontraba, sintió deseos de entrar a la casa y matar a todos los presentes, el dolor y la ira no lo dejaban pensar absolutamente nada, solo se le venían pensamientos de venganza, amargura y desesperación.

Miro un hacha cerca del granero, fue y la tomo, pero cuando se disponía a ir en dirección de la casa a cobrar su venganza, se recordó del tercer concejo, se calmó y reflexiono. Decidió no hacer nada bajo los efectos de la cólera y de la ira, pensó que era mejor pasar la noche en el granero y al día siguiente regresarse al lugar donde había trabajado muchos anos al lado del anciano y decirle que de nada le sirvió regresar a su casa.

Al día siguiente se presentó a su casa, golpeo la puerta y su esposa le abrió la puerta y en cuanto lo vio se abalanzó sobre el abrazándolo y llenándolo de besos.

Él se apartó de ella y le pregunto por qué le había sido infiel, él también le dijo que el día de ayer cuando llego por la tarde la vio como un joven la abrazaba y por eso decidió aguardar hasta el día siguiente para decirle que la había querido mucho pero que ahora comprendía que ella ya tenía a otro en su lugar.

La Esposa le contesto que eso que pensaba era una equivocación, que el joven que vio el día de ayer es su hijo y que ya tenía justo 20 años, los que él había estado fuera, porque cuando el partió ella quedo embarazada y a como pudo lo crio diciéndole que pronto llegaría su padre.

El marido contento por haber regresado a la casa, haber conocido a su hijo y haber hecho caso a los consejos que le dio el anciano supo el verdadero valor que tenían, ya que le habían salvado la vida en varias ocasiones y al final le habían impedido que cometiera una estupidez con su familia.

Se sentaron a la mesa a comer y se acordó del último pan que le había dado el anciano, el cual lo saco del morral y procedió a partirlo para compartirlo en familia.   Cuál es su sorpresa que al abrirlo apareció todo el dinero que le había guardado el anciano y que se lo había regresado escondido en el pan que iba a compartir con su esposa.

La moraleja de este cuento es que hay mucha sabiduría en la vida que se transmite de generación en generación, y lo más importante es tener la nobleza de prestarles atención y descubrir la sabiduría que lleva intrínseca.

Todo en la vida tiene un precio y para obtener algo debemos preguntarnos si estamos dispuestos a pagar ese precio, recuerde que en la vida nada se da de gratis, y tampoco hay atajos, que los atajos muchas veces son espejismos disfrazados que hacen caer a los incautos y el precio que se paga a veces es demasiado alto.

10. No seamos incautos.

Veamos este otro caso de una joven que no escuchaba consejo, no les hacía caso a sus padres, desobedeció a su mama y a la final terminó pagando las consecuencias.

Lupita Rodríguez era una joven mexicana que había nacido en el municipio de Puebla en el seno de una familia del campo, de muy joven ella soñaba como toda persona con todas las comodidades y cosas que no tenía en su casa y que sus padres no le pudieron dar por ser de escasos recursos, soñaba con una gran casa, autos, prendas y ropas que estaban de moda, un hombre que le diera todos los gustos que ella quería y siempre desprecio los consejos que le daba su mama, de que no sonara cosas que no estaban a su alcance que más bien pensara en estudiar y trabajar para poder después materializar sus sueños, pero ella opto por un camino más fácil.

En las fiestas del pueblo siempre trataba de llamar la atención de los hombres que se decían que tenían dinero, que llegaban en buenos carros o que andaban bien vestidos con pulseras relojes de oro, cadenas y demás artículos que le daban un aire de ser adinerado. Una vez se fue de la casa con un tipo que le hizo creer que era productor de cine que andaba buscando talentos y que había visto que ella tenía cualidades para la actuación, que bien podría llegar a ser una artista reconocida.

Lupita se fue con el tipo a la capital, pasaron la primera semana celebrando su llegada, el inicio de su carrera y la suerte de haber encontrado a un hombre que le decía que la amaba.

Pero la felicidad no duro mucho tiempo porque el que se decía que era productor de cine la fue a dejar abandonada en un antro en las afueras de la capital, una zona que no conocía y menos que supiera cómo dar la dirección de donde se encontraba.

El hombre se la entregó a la administradora del bar Las Margaritas, que en realidad era un prostíbulo disfrazado de bar, trabajaba todos los días hasta el amanecer, las mujeres que atendían el lugar hacían las funciones de meseras y también se acostaban con los hombres que estaban dispuestos a pagar por ellas.

Todos los días se arrepentía de lo que había hecho y tomaba mucho para no tener conciencia de donde estaba y lo que estaba obligada a hacer para poder pagar el alojamiento y su comida. Eso es lo que le decían cuando ella reclamaba por su dinero y la realidad es que no le quedaba mucho, no más para algún dulce o un refresco que quisiera comprar con sus propios recursos.

Al final encontró a un tipo que estaba dispuesto a sacarla de ese antro y pago por ella una fuerte suma de dinero. Las actividades del narcotráfico le habían dejado buenos réditos y no le importaba pagar lo que fuera con tal de obtener lo que necesitaba, esta vez se había enamorado de esa joven llamada Lupita que siempre le colmaba de atenciones cada vez que la visitaba, entonces porque mejor no sacarla de ese lugar y tenerla para el solo, sin necesidad de compartirla, quería irse a vivir lejos con Lupita, y mantenerla lo más que pudiera hasta que el destino lo permitiera, porque la vida de la gente traficante es dura y uno nunca sabe hasta dónde puede llegar.

Le manifestó sus intenciones a Lupita, le dijo que la amaba y quería sacarla de ese lugar para que se fueran a vivir juntos muy lejos de ahí donde nadie los molestara y tener una vida de placer y felicidad.

Pero esa vida no estaba en los planes de Lupita, ya se había formado la idea de cruzar la frontera para buscar su libertad, y nada la detendría hasta estar al otro lado, pisar tierra estadounidense y que se le cumpliera el sueño americano. Viajaron juntos hasta Hidalgo, un estado fronterizo con los Estados Unidos donde este hombre tenía su centro de operaciones, una casa grande, un rancho con mucho ganado, caballos puros españoles, una pista de aterrizaje, y una caravana de camionetas de lujo que lo acompañaban cada qué vez que se movilizaba por la región.

Todo iba bien, hasta que lupita llego al rancho y se enteró que el tipo la había engañado, que no era la única concubina de este magnate de la droga, habían cinco mujeres jóvenes, bonitas que estaban destinadas exclusivamente para la atención privada, nadie podía meterse con ellas, pero eran vigiladas continuamente por unos guardaespaldas que estaban atentos a todos los movimientos.

Por otro lado, también había algo más oculto en todo este enredo, resulta que este señor no era el dueño de todos esos bienes, ni de la mansión de lujo, ni de los carros, ni del rancho, ni del ganado, etc. Sino que era el encargado de cuidarlos, era el encargado de las operaciones de la zona y era el que se encargaba de garantizarle a los jefes el aseguramiento de la droga, de que lograra pasar la frontera y al otro lado entregarla al siguiente contacto.

Las chicas de la casa no eran más que adquisiciones para la diversión, habían sido traídas de antros de perdición y se les daba buena vida, condiciones materiales, lujos a cambio de estar disponibles para todos los jefes a la hora que quisieran. Fue así que Lupita se enteró que no solo tenía que servir a Joaquín, el que la había sacado del antro, sino que cada vez que llegaban los amigos del jefe estos pedían compañía y todas las damas que estaban en la casa servían para deleite y placeres de los que llegaban, o sea que lupita estaba disponible para el que llegara y con quien Joaquín le decía que se acostara, además de él. En las fiestas que preparaban todos los fines de semana abundaba la droga, los licores finos, los grupos musicales, las corridas de caballo, y había que acostarse a veces con todos que hasta perdía la cuenta de cuantos habían sido en una sola noche. Muchos la trataban mal, la golpeaban, la humillaban y siempre tenía que estar bonita, atenta y amable con cualquiera de sus verdugos, no había libertad, era una especie de esclavitud moderna de la cual no se podía salir.

En sus momentos de lucidez recordaba a sus padres, a sus hermanos y le embargaba una profunda tristeza, de cómo había destruido su vida a causa de un impulso, por la necedad de no hacer caso a sus padres, de no escuchar consejos. Quería morir, ya no quería seguir viviendo y todo lo que hacía no le ocasionaba placer, ahora su vida solo era de dolor, sufrimiento y humillaciones, no aguantaba más, pero tenía que fingir para que no la golpearan.

En su interior, a veces a lo lejos oía una pequeña voz tímida que le decía que tenía que escapar de ahí, pero cuando prestaba atención a esa idea, se le erizaban los pelos de solo pensarlo, del miedo, porque no miraba como podía salir de esa fortaleza, todos decían que era imposible escapar.

Una tarde vio una película titulada "Maid in Manhattan", protagonizada por Jennifer López y Ralph Fiennes, una película de ensueño romántica donde una camarera hispana, sola con un hijo, inteligente y trabajadora, tiene un romance casual con un tipo de dinero aspirante al congreso y de alta posición social.

Película gira en torno a las diferencias sociales y a pesar de los obstáculos que predecían que la relación era imposible, terminan enamorándose. Una película que hace soñar a las chicas con su príncipe azul, que les dice que hay que luchar por lo que se quiere, cueste lo que cueste.

Lupita solo tenía una opción y era escapar, no importa si se moría en el intento, pero si era la única salida, escapar y dirigirse a los estados unidos a como sea, y ahí vivir de otra manera, porque le habían contado de que ahí todo mundo se volvía rico, que podría encontrar a alguien que la quisiera de verdad y dejar atrás toda esa vida de miseria y dolor.

Una tarde que Joaquín la llamo, él estaba tomado, bien borracho, no había nadie en la casa, las demás muchachas se habían ido de compras con uno de los escoltas al pueblo que se encontraba a unos cuarenta minutos por la autopista norte, a realizar compras y andar de tienda en tienda viendo las últimas creaciones de la moda, de los perfumes y zapatos soñados.

Lupita ya no aguantaba a Joaquín, lo detestaba porque últimamente este le daba por golpearla cada vez que se dirigía a ella. Parece que ya se había aburrido de ella, puede ser porque ella ya no le correspondía para nada, ya no le importaban las promesas de amor que este de vez en cuando le decía cuando andaba borracho porque sabía que eran puras mentiras. Ya todo eso había quedado en el pasado, en el olvido, ya estaba clara que todo fue un vil engaño, una trama para traerla al rancho y mantenerla sometida.

Lupita ya no aguantaba más, y esa tarde cuando él la llamo, esta vez se armó de valor y de un cuchillo de cocina que tomo y lo escondió entre sus ropas. Entro a la habitación donde se encontraba Joaquín escuchando música de corridos, Lupita lo vio dormido sobre el sofá de cuero con la botella de licor caída en el piso y derramado todo su contenido, el vaso se había caído de sus manos y el hielo se derretía en el piso, él roncando y hablando dormido diciendo cosas incoherentes de borracho.

Lupita lo vio, lo pensó un instante y vio que ese era el momento oportuno para escapar, pero quería hacer algo antes de huir, y tomo el cuchillo filosos de cocina, lo coloco por encima del pecho agarrando la empuñadura con las dos manos y como en los rituales de sacrificio levanto las manos y las dejo caer con fuerza clavándose el cuchillo directamente en el corazón, el filo penetro hasta lo más profundo, el tórax apenas puso resistencia pero esto no fue suficiente, no basto y lo levanto otra vez para dejarlo caer con más fuerza, una y otra vez.

La sangre salto desde un inicio y rápidamente alcanzo al vestido crema que llevaba puesto, las salpicaduras le llegaron hasta el rostro, las manos teñidas de rojo y todo se transformó, la mirada le cambio de un penetrante a un dilatado, de un blanco a un rojo, de un sosegado a un agitado, de un estado nervioso a un estado de euforia y frenesí.

Lupita que lo tenía todo listo, la maleta con la ropa mínima necesaria que llevaría para el viaje no tomo nada, solamente salió fuera de la casa en un estado de sopor y alegría, en un estado de locura transitoria, en una euforia de felicidad tal vez por haber realizado algo que quería hacer desde hace mucho tiempo, de liberarse del yugo y del opresor que la tenían sometida a las más cruentas torturas sicológicas y emocionales, era como la realización de algo sublime y etéreo pero al mismo tiempo material como la realización de un acto de liberación marcado por el rojo de la sangre, un tributo o un precio que había que pagar.

Lupita absorta salió de la casa caminando y cantando como si nada hubiera pasado, como que estaba en otro mundo lejos de la existencia real que la acompañaba, hasta que se oyeron unos disparos, era el guardaespaldas que había descubierto el cuerpo de Joaquín y desde la ventana diviso a Lupita que iba con el vestido manchado de sangre, por lo que supuso que ella lo había asesinado.

Salió corriendo hasta alcanzarla, le grito que se detuviera mientras le apuntaba con su pistola automática de 9 mm, pero Lupita no le contesto, ni oyó los gritos del guardaespaldas, no oyó nada, solamente sintió unos golpes en la espalda como unas palmadas secas y firmes, solamente, y cayó al suelo mientras se borraba la imagen de su mente de cuando era niña corriendo por la casa mientras su mama le gritaba que tuviera cuidado y se calmara.

Esta triste historia nos recuerda lo importante que es la educación de los hijos, enseñarles que la autoridad de los padres se debe de respetar, que no deben de tomar a juego los consejos y reprimendas, que los sanciones correctivas son con el fin de ensenarles que es lo que no se debe de hacer y prepararlos para no ser presa de la ingenuidad y ser víctimas por incautos.

Por otro lado no debemos ser incautos, o sea no debemos de ser ingenuos pensando que todas las personas que se nos acercan son con buenas intenciones. Uno siempre debe de ser desconfiado con los extraños que uno no conoce, no debe aceptar invitaciones de gente desconocida y mucho menos viajar solo con extraños, a como dice el refrán popular que *"caras vemos corazones no sabemos"* refiriéndose a que no sabemos con qué intenciones se nos pueden acercar mucha gente. Hay que ser precavidos, no hay que ser ingenuos para no pecar por incauto.

11.- Siempre habrán tiempos difíciles.

El infortunio nos puede jugar malas pasadas en la vida y la mayoría de las veces no estamos preparados para ello, tomando decisiones equivocadas que nos pueden conducir a callejones sin salida y nos metemos en verdaderos líos que a la final nos vienen saliendo muy caros, el precio que pagamos es alto y después no hay retroceso.   ¿Pero acaso es malo tomar decisiones?, creo que no, lo malo no es tomar decisiones.

Las decisiones deben de ser analizadas, estudiadas, consensuadas, comprendiendo y asumiendo toda la responsabilidad que se puedan derivar de ellas, de que todo tiene un precio y nada es de gratis.

Debes de estar dispuesto a pagar el precio y asumir con toda la responsabilidad del mundo todo lo que pueda venir y resultar de tus propias decisiones, si después de escuchar consejos y analizar todos los pro y los contras de lo que vas a emprender y aun así decides mantenerte firme en tu decisión, así es como se hace, te felicito, significa que estas claro de la decisión que va a ser tomada y después si las cosas salen mal, no como se pensaron que saldrían , ya sea bien o mal, debes de tener claro que al menos quedara la satisfacción del deber cumplido para con uno mismo y las consecuencias son bienvenidas como parte del precio asumido, de la responsabilidad tomada.

Puedo dar testimonio que en lo personal me fue muy difícil aprender a manejar por ejemplo, las finanzas personales, siempre las vi como algo secundario sin ponerle interés ni prestar atención a su manejo, pero la realidad que esto es de suma importancia, es algo tan trascendental que en la medida que te involucres y sobre todo con mucho tiempo de anticipación antes de que llegues a viejo puedes evitarte un gran dolor de cabeza o un gran sufrimiento. No hay peor cosa que llegar a viejo sin un peso en la bolsa y la inmensa mayoría de la población casualmente camina en esa dirección, lamentablemente hay mucha gente de edad avanzada que no logró ahorrar nada en su juventud y en la vejez sin fuerzas no se puede hacer mucho.

Como siempre cometemos siempre el mismo error, generaciones tras generaciones, cuando jóvenes no le prestamos atención al futuro y vivimos el presente como si fuéramos eternos y que nunca vamos a llegar a viejo.   Nos equivocamos cuando en el ocaso de la vida nos quedamos rememorando la vida pasada y las oportunidades perdidas.

Le agradezco mucho a mi madre que es la primera que me oriento en este tema y procuró que sus hijos aprendieran a través de las enseñanzas de la biblia, un libro maravilloso que de forma tan sencilla contiene una gran sabiduría.   Con relación a este tema me recuerdo la historia que tantas veces nos contaba sobre la vida de José que le interpreto unos sueños al Faraón que se hicieron realidad.

Ese relato lo conocemos todos, desde niño se nos ha explicado en las escuelas, en nuestros hogares, en el cine, la televisión, etc. Por todos lados ha sido difundida esa bonita enseñanza que tiene un profundo significado para nuestras vidas, y lo ha tenido para las generaciones pasadas.   La historia de las siete vacas gordas que plácidamente pacían a orillas del rio y luego aparecieron siete vacas flacas escuálidas que devoraron a las vacas gordas.   El Faraón quedo confundido con ese sueño que le atormentaba día y noche y nadie podía descifrar lo que significaba.

A oídos del Faraón llego la noticia que en prisión se encontraba un joven que tenía gracia divina y podía descifrar los sueños, el Faraón que se encontraba bastante molesto porque nadie de sus asesores y sabios había podido adivinar el sueño, nadie le había encontrado un significado lógico a eso de que unas vacas flacas enjutas cadavéricas aparecieran y se comieran a unas vacas robustas, hermosas, gordas y llenas de vitalidad, cuando debió haber sido talvez al contrario que las vacas gordas dominaran a las flacas y las expulsaran del hermoso pastizal a orillas del rio.

Ese mismo día tuvo dos sueños, después del primer sueño que lo despertó sobresaltado y después de volverse a dormir tuvo otro sueño donde vio que brotaban siete espigas hermosas cargadas en una misma caña y luego ahí mismo surgían otras siete espigas raquíticas que devoraban a las siete espigas hermosas y lozanas. ¿Qué significado tenía ese sueño? Po que lo atormentaba y asustaba tanto? ¿Qué significado podría tener para su reinado o para su persona? Era una serie de interrogantes que no le daban reposo y por eso había mandado a llamar a todos los sabios y adivinos para que le interpretaran tan extraño sueño.

José fue llevado ante el Faraón y este le explico los motivos de porque le habían traído a su presencia, que le habían dicho que él podía interpretar los sueños y le pidió que le ayudara a interpretar el sueño de las vacas gordas y las vacas flacas, que le diera una explicación lógica. José le contesto que el don de leer los sueños no está en él, sino que Dios será el que de la respuesta propicia al Faraón.

José le explico que esos sueños eran uno solo y que a través de ellos Dios le está diciendo al Faraón lo que va a hacer, que vendrán siete años de abundancia y tras ellos vendrán siete años de hambre en toda la tierra de Egipto, que la abundancia será olvidada y el hambre consumirá la tierra. Significaba que se debían de tomar todas las previsiones necesarias para que en los tiempos de abundancia se recogiera y almacenara toda la cosecha que se pudiera, que se llenaran los graneros para estar preparados para los tiempos de escasez y hambre.

Ese bello relato bíblico encierra una gran sabiduría y previene a la humanidad de las contingencias desfavorables, ya sean estas naturales o producto de la mano del hombre, pero independiente de todo hay que prepararse en los tiempos de abundancia para poder enfrentar los tiempos de escases, los tiempos de hambre. No todos somos capaces de entender esa enseñanza que se cumple a todos los niveles desde lo personal, familiar, empresarial y para las naciones. Es simple y sencilla su enseñanza que debemos de prepararnos para esas eventualidades que suelen suceder. Hay que ahorrar cuando hay posibilidades, vivir de forma austera y guardar lo más que se pueda.

Lo normal y natural es que aceptemos que vivimos en un mundo accidentado, donde las eventualidades son la norma y los momentos de tranquilidad son las excepciones, no es que el mundo se encuentra en una total normalidad y que de vez en cuando suceden cosas que nos afectan y nos estremecen, nos tambalean y nos tiran al suelo, pero es nuestra obligación de levantarnos, y por ello debemos de tomar todas las precauciones necesarias para tal efecto.   A como reza el dicho popular que hombre prevenido vale por dos.

12.- Las fuerzas de la naturaleza

Las pestes y calamidades están a la vuelta de la esquina, nadie está exento de que no le toque algún día de estos algún infortunio, o alguna desgracia, porque no es que se le desee algún mal a alguien, pero la realidad de las cosas es que este mundo es caótico, está en constante colisión de eventos que en el momento menos pensado nos puede tocar una.

Si vemos con detenimiento la gran cantidad de desastres naturales que han afectado nuestro planeta en lo que va del siglo XXI comenzando con el terremoto de Bam al sudoeste de Irán en el 2003 con una magnitud de 6.6 que cobro la vida de más de cuarenta mil personas.

Y después vemos como en el 2004 se presenta un Tsunami en el suroeste asiático como consecuencia de un maremoto en el océano Índico que arraso muchos pueblos costaneros matando a más de 230,000 personas en varios países asiáticos al mismo tiempo.

El 23 de agosto de 2005 se presentó el huracán Katrina en las Bahamas iniciando como un huracán de categoría 1 bastante moderado, cruzo el sur de la Florida y se fortaleció rápidamente en el golfo de México alcanzando la categoría 5 para luego tocar tierra nuevamente en el sudeste de Luisiana, desbastando las costas del golfo desde florida hasta Texas. Nueva Orleans fue la más afectada porque quedo anegada de agua al fallar sus diques de contención, ahí se reportó el mayor número de muertos y el 80% de la ciudad quedo inundada durante muchas semanas haciendo que se propagaran rápidamente la contaminación y las enfermedades. Se estima que las muertes ascendieron a más de 2000 personas y las pérdidas materiales a más de 75,000 millones de dólares.

También en el 2005 se dio un terremoto en Cachemira un estado norteño de la india y en el noroeste de Paquistán, con una magnitud de 7,5, más de tres millones de personas sin hogar y cerca de 86 mil muertos.

En el 2008 tuvimos la presencia del ciclón Nargis en Birmania en el océano índico, que cobro la vida de más de 100,000 personas, el ciclón generó una ola gigante que penetro hasta 35 km en tierra firme causando grandes destrucciones, desastre y muerte.

Durante el verano de 2010 le toco esta vez a las olas de calor que hicieron su aparición en varias regiones del globo terráqueo y una de ellas fue Rusia que fue asolada implacablemente durante varias semanas, afectando las cosechas, se produjeron grandes incendios forestales y sobre todo trajo consigo la muerte de miles de personas sobre todo de la tercera edad que no pudieron soportar los inclementes calores. Por otro lado los incendios que se propagaban rápidamente crearon una densa nube de humo que afecto la ciudad de Moscú durante varios días. De acuerdo al centro meteorológico de Rusia una ola de calor parecida no se había dejado sentir en más de 500 años en la región.

En el 2011 Japón fue golpeado por un terremoto y un tsunami que desbasto a la isla de Honshu. El tsunami fue generado por un terremoto de 9 grados que provoco una situación de emergencia en la central nuclear de Fukushima-1 poniendo en riesgo la vida de millones de personas, al final de la tragedia el recuento de personas que perdieron la vida ascendió a más de 14,000 japoneses.

Nadie puede decir que está absolutamente seguro, vemos como el mundo está en constante movimiento y el cambio climático está haciendo estragos con la naturaleza, se están derritiendo los polos, se está calentando el planeta y como es de esperar esto tiene sus profundas repercusiones a nuestro alrededor, así que siempre debemos de estar atentos y tratar de hacer nuestra contribución para cuidar nuestro mundo, a evitar que se continúe dañando.

13.- El Terrorismo

A parte de las catástrofes naturales, el mundo se encuentra en guerra por culpa del terrorismo, no solamente estamos sufriendo la guerra declarada entre países en conflictos armados, sino una nueva moda que ha cobrado auge en los últimos tiempos y es el terrorismo del cual ningún país se encuentra exento. Para comenzar el nuevo milenio vemos como el 11 de septiembre de 2001 un grupo de terroristas secuestraron cuatro aviones de American Airlines haciéndolos estrellar contra diferentes objetivos, dos de ellos fueron directo a estrellarse contra las torres gemelas, el otrora famoso World Trade Center, un tercero se estrelló contra el pentágono y un cuarto no logro su objetivo porque fue impedido por los propios pasajeros cayendo a tierra sin lograr su objetivo. 19 integrantes de la red Yihaidsta de Al Qaeda cumplieron su misión terrorista de atacar el corazón de los Estados Unidos derribando las torres gemelas, matando a más de 3000 personas e hiriendo a unas 6000 en el atentado.

El 23 de Octubre del 2002 un comando de 40 a 50 terroristas islámicos de Chechenia tomaron secuestrado el teatro de Moscú con más de 800 personas, donde todos quedaron de rehenes, los terroristas llevaban chalecos bombas que harían explotar si no se les cumplían sus demandas. Después de varios días de negociaciones el gobierno Ruso decidió tomar por asalto el teatro, ideando un plan que consistía en suministrar un gas somnífero a través del sistema de ventilación y hacer que todos se durmieran. Pero el plan tenía su riesgo y era que no se podía calcular con precisión la dosis del gas necesaria y su reacción en las personas debido a la condición física y de salud de cada quien. Como resultado del acto terrorista murieron más de 200 personas secuestradas, más todos los terroristas que resultaron muertos.

El 6 de febrero del 2004 los terroristas pusieron una bomba en el metro de Moscú que exploto cuando se encontraba transitando entre las estaciones Avtozavodskaya y Paveletskaya. En la explosión murieron más de 40 personas y otras 250 resultaron heridas. El atentado lo realizo un ex cadete de una escuela militar originario del Cáucaso norte.

El 11 de marzo de 2004 en Madrid se dio el peor ataque terrorista que haya sufrido España durante su historia, estallaron 10 bombas en la línea del metro que dejo un saldo de más de 190 muertos y 1800 heridos. El atentado terrorista fue atribuido a la organización Abu Hafs al Masri tambien vinculada al grupo terrorista Al Qaeda

El 1 de Septiembre del 2004 un grupo de terroristas chechenos irrumpió en la escuela No 1 de la ciudad de Beslan en Osetia del Norte y tomaron como rehenes a 1181 personas de los cuales la mayoría niños que estaban con sus padres de familia en un acto conmemorativo. Durante tres días fueron mantenidos como rehenes sin agua ni comida concentrados en una sala deportiva. A pesar de las conversaciones con los captores no se llegó a nada porque de forma inesperada ocurrieron unas explosiones en la sala donde se encontraban los rehenes, las fuerzas de seguridad se vieron obligadas a entrar a proteger a la gente que salía despavorida en todas las direcciones, como resultado de este acto terrorista murieron 370 personas de los cuales 172 eran niños.

El 7 de julio del 2005 Londres fue el blando de los actos terroristas, cuatro bombas estallaron en estaciones del metro cuando alegres multitudes celebraban la designación de la ciudad como sede de los Juegos Olímpicos. Los autores fueron cuatro terroristas suicidas de la llamada organización secreta Al Qaeda en Europa, 56 personas perdieron la vida, entre ellos los cuatro terroristas suicidas.

Los atentados de noviembre de 2008 en Bombay consistieron en diez ataques terroristas coordinados perpetrados en la capital financiera de la India entre el 26 y el 29 de noviembre. La tarde del 26 de noviembre diez terroristas armados abrieron fuego y lanzaron granadas contra civiles en las calles de Bombay. Paralelamente otro comando terroristas atacó un puesto policial, mientras que otros dos grupos tomaron rehenes y se atrincheraron con ellos en dos hoteles de cinco estrellas. El asedio y el asalto de los hoteles se prolongaron durante casi 60 horas hasta que los atacantes resultaron abatidos. En total, en la serie de atentados perecieron 195 personas y casi 300 resultaron heridas.   La responsabilidad por el ataque la asumió el grupo islamista Deccan Mujahideen (Muyahidines del Decán). Sólo se consiguió capturar con vida a un terrorista.

El terror regresaría a Moscú el 29 de marzo del 2010 cuando en horas de la mañana dos estaciones del metro fueron sacudidas por explosiones que dejaron 40 muertos y 160 heridos. Meses más tarde, el 24 de enero del 2011, en la terminal aerea internacional Domodédovo, de Moscú, se hizo sentir una vez más la mano del terrorismo.

Este 22 de julio de 2011 Noruega sufrió un doble atentado que costó la vida a 77 personas y dejó casi un centenar de heridos. El autor de la explosión de un coche bomba en el barrio gubernamental de Oslo y de la posterior masacre en la isla de Utoya fue el ultraderechista Anders Breivik de 32 años que fue detenido en Breivik.   Él ha justificado sus acciones argumentando que lo hizo para salvar a Europa de la invasión musulmana, provocada por la política multicultural.

Pero la ciudad europea que recordará el año 2015 como el más trágico de su historia es París. El terrorismo islámico decidió castigar a Francia por su participación en las operaciones militares contra sus baluartes en Siria e Irak.

El primer atentado tuvo lugar en la sede del semanario satírico Charlie Hebdo, el 7 de enero del 2015. Al grito de "vamos a vengar al profeta", tres hombres vestidos de negro, encapuchados y armados con fusiles AK47, entraron en la sala de redacción del semanario y abrieron fuego contra los periodistas que estaban allí. El tiroteo dejó doce muertos, entre ellos el director del semanario y los dibujantes que habían sido autores de una serie de burlescas caricaturas de Mahoma.

El 13 de noviembre 2015 de nuevo en Francia, el terrorismo hizo una nueva aparición, más cruel y sangrienta que la de enero en la sede de Charlie Hebdo.   El primer atentado ocurrió en las cercanías del estadio de Francia cuando hombres ataviados con cinturones explosivos y portando ametralladoras irrumpieron pasadas las nueve de la noche en un restaurante llamado Le Petit Cambodge (La pequeña Camboya) y desataron un tiroteo que dejó cuatro muertos y varios heridos. Este ataque fue seguido por una súbita irrupción en el teatro Bataclan donde tenía lugar un concierto de rock. Cuatro hombres dispararon durante diez minutos contra los espectadores dejando 87 muertos.   Durante la masacre los terroristas gritaban en coro "Allah akbar" (Alá es grande), al final este acto terrorista dejó 137 muertos y 352 heridos.

El 12 de junio del 2016, al menos 50 personas perdieron la vida en una discoteca gay en la ciudad norteamericana de Orlando (Florida). También este atroz atentado fue obra de un suicida que había jurado lealtad al Estado Islámico.

El 14 de julio de 2016 se perpetro otro ataque terrorista y esta vez fue en la ciudad de Niza, donde un fanatico de nombre Mohamed Lahouaiej Bouhlel, tunecino radicado en Francia, con un camión de 19 toneladas se lanzó contra una pacífica multitud que caminaban por el Paseo de los Ingleses (la Promenade des Anglais) como parte de las celebraciones del 14 de Julio. El camión arrollo, les paso encima, triturando a hombres, mujeres y niños que se encontraban caminando, dejando una estela de muertos y heridos a su paso, se dice que más de 84 personas murieron y unos 435 resultaron heridos.

Como podemos ver el mundo está convulsionado y no hay garantías de seguridad para nadie, en algún momento de nuestras vidas también nosotros podemos ser objeto de alguna catástrofe o enfrentemos algún percance trascendental que nos trastoque todos los cimientos.   Pero independientemente de que podamos estar caminando en un terreno lleno de volcanes en erupción, ríos de lava y arena movediza no debemos de asustarnos, debemos de tener la certeza de que ese es el mundo real que vivimos, ese es el mundo en que nos ha tocado nacer, por lo tanto hemos de crear los anticuerpos necesarios para poder andar en él, nadar en sus aguas y degustar de sus exóticas comidas, enfrentar sus epidemias, crisis y demás perturbaciones en el ambiente. No debemos de asustarnos, ni vivir temerosos, sino simplemente aceptar que allá afuera hay peligros.

14.- La corrupción y el narcotráfico

El otro mal que nos acecha es el cáncer de la corrupción, el narcotráfico y el crimen organizado, a veces no se sabe dónde está la frontera entre ellos, creo que no hay una división que separe al uno del otro, son como hermanos gemelos que se desplazan por todos lados, son un espectro que penetra todos los rincones de la tierra, nadie se escapa de los efectos de este flagelo de la corrupción.

Aunque ingenuamente pensemos que esto no me afecta a mi, o que no le va a afectar a nadie, pues no es así de simple, incluso instituciones como El Bando Mundial, el organismo financiero internacional, ha señalado que la corrupción destruye la propiedad humana, perjudica al Estado y al gobierno porque se desvían sus recursos y no llegan los objetivos económicos planteados. Aparte de señalar que se detienen las obras de inversión, que se pierde el dinero para la compra de medicinas, mejoras de infraestructuras, hospitales, escuelas, alimentos, etc., la corrupción destruye y mina los valores morales de un pueblo, mata la fe y esperanza en el futuro, se muere la iniciativa, se cae en el abatimiento y se pierde al autoridad moral de los funcionarios públicos, la gente pierde la confianza en sus autoridades, se relaja la disciplina, se fomenta la criminalidad y la impunidad, haciendo que sus ciudadanos vivan desmotivados y no sientan ese sentimiento de patriotismo y amor por su propio país.

Uno se puede preguntar, para que me voy a preocupar por producir más si todo se lo roban los políticos, los funcionarios del estado, hasta los más altos dirigentes del país. A estas alturas del partido ya casi es una norma en Latinoamérica que todo presidente de un país lo que llega es a robar y después de dejar el cargo es acusado de enriquecimiento ilícito, algunos son enjuiciados, pero la mayoría salen libres porque se benefician del sistema que ellos mismos han creado que promueve la impunidad.

En los últimos años podemos mencionar algunos casos que han causado revuelo en la prensa internacional, entre los cuales se puede destacar el caso de la presidenta de Chile Michelle Bachelet que ha sido vinculada a un caso de corrupción en el famoso caso Caval donde se señala que la nuera de la presidenta está acusada de un fraude millonario al fisco, según las acusaciones ella se aprovechó de información privilegiada del estado para usarla en los negocios de bienes raíces.

En Brasil el expresidente Luis Inácio Lula da Silva enfrenta acusaciones de corrupción, enriquecimiento ilícito y malversación de fondos en varios casos, uno de ellos vinculado a contratos millonarios otorgados a su sobrino para la construcción de una hidroeléctrica en Angola con la empresa Odebrecht, El contrato fue formalizado el mismo año en que el banco público de fomento BNDES de Brasil otorgó un crédito de $464 millones a la firma para la construcción de dicha hidroeléctrica.

 Por otro lado también en Brasil, Odebrecht es una de las principales empresas investigadas en otro acto de corrupción denominado como 'Operación Lava Jato' que indaga una enorme trama de corrupción en torno a la petrolera estatal Petrobras, desde donde se habría realizado millonarios desvíos de dinero hacia partidos políticos, uno de ellos el Partido de los Trabajadores (PT) de Lula.   Actualmente Marcelo Odebrecht, expresidente del grupo que lleva su apellido, cumple una condena de 19 años y cuatro meses de prisión por el caso Petrobras. El expresidente Lula (2003-10) enfrenta dos juicios, uno en Curitiba y otro en Brasilia, relacionados con el megafraude en Petrobras, por cargos de corrupción, lavado de dinero y obstrucción a la justicia.

En Argentina la ex mandataria Cristina Fernández ha sido llamada a testificar por una investigación de un fraude millonario al fisco por el llamado "caso dólar futuro". Además, ha sido cuestionada por el aumento de su riqueza desde el periodo en que su marido Néstor Kirchner fue el presidente de la nación. La expresidenta argentina Cristina Fernández de Kirchner enfrenta varios casos sobre presunta corrupción, entre los que figura el juicio sobre la venta irregular de dólares a través del propio Banco Central, causa por la que ayer se dictó un embargo en su contra por alrededor de un millón de dólares. El juicio aún está pendiente.

En Ecuador también la prensa internacional ha vinculado al presidente Rafael Correa y a su hermano en documentos filtrados en el caso "Panama Papers".   Ambos aparecen como los propietarios registrados de una sociedad offshore la cual no ha logrado pronunciarse después que se hicieran públicas estas informaciones. También el pasado 26 de Abril 2016, el Gerente General de la empresa estatal Petroecuador fue detenido al intentar salir del país con más de 100 mil dólares en efectivo, se pudo leer en una noticia publicada por el diario El Pais en su edición del 10 Mayo del 2016. Esto ocurrió luego de que su nombre apareciera directamente relacionado a una serie de empresas en Panamá las cuales habían sido beneficiarias de contratos millonarios con la petrolera estatal. No fue sorpresa para nadie que el ex Gerente General A. Bravo fuera liberado sin cargo alguno. Esto puso de manifiesto el nivel de corrupción entre los funcionarios públicos.

En Guatemala el Ex presidente Otto Perez Molina y la Ex vicepresidenta Roxana Valdetti se encuentran detenidos enfrentando cargos por enriquecimiento ilícito, malversación de fondos y conspiración contra el estado, y al parecer, ser los líderes de una banda delictiva conocida como La Línea que realizaba defraudaciones aduaneras al negociar exoneraciones y rebajas de impuestos. El daño ocasionado al estado de Guatemala es millonario, y se le han confiscado, casas, mansiones y fincas a todos los funcionarios capturados para tratar de resarcir lo que se le robraron al estado.

En México el presidente Enrique Peña Nieto fue acusado también de corrupción al darse a conocer una mansión de lujo que adquirió por medio de un contratista del gobierno. Cuando salió el escandalo él dijo que la casa la había adquirido su mujer con sus ahorros y que el no tuvo que ver nada. Una casita valorada en siete millones de dólares que se la vendió un contratista a su esposa, que ella es económicamente independiente de Pena Nieto y cuando se casaron firmaron un documento con independencia de bienes, por tanto el afirma que ella está en su derecho de contraer las obligaciones que ella considera, además de que la casa fue adquirida con sus ahorros.

También es casualidad que el contratista que vendió la casa sea socio de una empresa china que gano un contrato de 4800 millones de dólares para la construcción de una línea férrea en México. Todo puras casualidades y para calmar las críticas de los medios, el presidente oriento a la fiscalía mexicana que investigara el caso de su esposa y la famosa casa blanca.   Al final de siete meses de investigaciones declararon que no encontraron nada irregular, que todo estaba en orden.

En El Salvador el expresidente Francisco Flores, quien gobernó entre 1999 y 2004, se encontraba bajo arresto domiciliario por una acusación de apropiarse US$15 millones de dólares de donaciones recibidas tras dos terremotos que golpearon al país en 2001.   De acuerdo a la acusación de la fiscalía, Flores se apropió de US$5 millones y desvió US$10 millones hacia una cuenta del partido Alianza Republicana Nacionalista (Arena), con el cual alcanzó el poder.

También en El Salvador se le acusa al expresidente Elías Antonio Saca, que gobernó entre el 2004 y el 2009, por el desvío de US$ 246 millones de dólares procedentes de fondos públicos, esta demás decir que las acusaciones son por desvío de fondos, malversación y enriquecimiento ilícito.

Otro de los casos recientes de corrupción que involucran a expresidentes es el de Panamá, donde el exmandatario Ricardo Martinelli es investigado por la supuesta sobrefacturación en un contrato de 45 millones de dólares destinados a la compra de comida para escuelas públicas. El gobierno del actual presidente, Juan Carlos Varela, pidió a EE. UU. la extradición de Martinelli, que está en ese país desde el 2015.

Según la ONG Transparencia Internacional, la corrupción genera problemas de gobernabilidad muy fuertes no solo desde el punto de vista institucional, sino también en la confianza y credibilidad de los ciudadanos en sus gobernantes.   Con justa razón los ciudadanos piensan que si los presidentes son corruptos, que se puede esperar de los demás miembros del gobierno.

Del narcotráfico está de más hablar en esta ocasión, porque de todos es conocido de sus actividades y como está penetrando todos los estamentos de la sociedad, corrompiendo las autoridades, ministerios e instituciones.   El crimen organizado se sustenta financieramente de las actividades del narcotráfico, del lavado de dinero, la trata de personas, la esclavitud y el quehacer de las maras en todos los países latinoamericanos.   Las operaciones están dirigidas por los Carteles que tienen organizado el comercio de la droga en regiones geográficamente bien definidas.

Incluso hay gobiernos que están involucrados con estas actividades del narcotráfico facilitando su territorio como trampolín para el traslado de la droga, usando sus puertos e infraestructura para facilitar el envío hacia otros países y hacerla llegar a los Estados Unidos y Europa.

15.- El desempleo y la falta de oportunidades.

El otro flagelo que está afectando a la juventud es el desempleo y la falta de oportunidades en nuestras regiones. Cada día vemos como miles de personas, jóvenes sobre todo, se ven forzadas a emigrar de sus hogares, de sus países para buscar nuevas opciones de vida, nuevas oportunidades que les de sustento, la posibilidad de ayudar a sus familias que han dejado atrás y sobre todo lograr alcanzar su sueño de una vida prospera.

Esta necesidad migratoria de los jóvenes en busca de empleo se da sobre todo en aquellos países cuyas economías tienen problemas, los índices de pobrezas cada día crecen, la inseguridad y la corrupción le roba las oportunidades a su población porque la falta de recursos hace que se frenen las inversiones, se detiene el progreso y se reduzcan las oportunidades.

De acuerdo a datos de la ONU se dice que unos 27 millones de jóvenes entre los 15 y 24 años de edad se ven obligados a emigrar cada año de sus países de origen. Si bien es cierto que en el camino encuentran muchos obstáculos y peligros como los de las bandas criminales que se aprovechan de ellos, les roban y los extorsionan, pero para ellos todo se ha convertido en un todo o nada, es mejor correr el riesgo que quedarse donde uno está aguantando la miseria y pobreza, por lo menos uno sabe que más allá en otro país uno va a tener oportunidades.

Es por ello que todos en la medida de nuestras posibilidades debemos de hacer nuestro mejor esfuerzo por levantar nuestros países, para hacerlos grandes y así no tener la necesidad de emigrar a otras tierras corriendo muchos riesgos y vicisitudes. Es un gran reto para la juventud que se ha quedado en su tierra, las cosas no pueden seguir así, no podemos quedarnos de brazos cruzados, debemos de procurar hacer las cosas bien para que con nuestra contribución se logre cambiar todas aquellas cosas que hemos detectado que no están bien.

Mi mayor reconocimiento a todos aquellos jóvenes emprendedores que con su talento están haciendo cambiar el rostro de sus naciones, están contribuyendo a la economía de su país y están demostrando de que si se pueden hacer las cosas.

Hay episodios en la vida que nos parece que solo nosotros somos el objeto de todos los desastres, que todos los males nos están apareciendo en nuestro camino, sentimos que se cumple en nosotros el dicho popular que dice "al perro más flaco se le pegan las pulgas". Cuando estamos en situaciones parecidas a esas, es cuando debemos de hacer nuestro mayor esfuerzo para superar ese estado anímico, esa sensación de frustración y recobrar la normalidad.

Lo primero que hay que hacer para recobrar la normalidad cuando el mundo se ha derrumbado a nuestro alrededor es no perder la serenidad y paciencia, no caer en el sentimiento de culpa, no dejar que nos invadan los miedos, no atormentarnos ni sentirnos impotentes, por ningún momento dejar que se apodere de nosotros el sentimiento de insuficiencia, ineptitud y desaliento porque ese es el momento de mayor debilidad, quedas desprotegido y te conviertes en un ser frágil que la más leve brisa puede quebrarte o arrastrarte como una hoja seca.

El estar consciente de que en la vida hay casos fortuitos y que pueden aparecer en tu vida en el momento menos pensado es la clave, estar preparado para cuando vengan y afrontarlos con toda la naturalidad, seriedad y responsabilidad del caso. Pero no te puedes quedar en un estado de alerta permanente que te mantenga paralizado, no puedes optar a esperar a que pasen las cosas malas, sino por el contrario, hacer como que no existe nada de que te pueda sacar o desviar de tu camino.

El joven de hoy para enfrentar esa adversidad que le espera debe de prepararse bien haciendo lo siguiente:

1. Estudiar, estudiar y estudiar, continuamente que la educación es el pasaporte a la libertad.
2. Aprender oficios es muy importante, desde reparar una computadora, un celular, aprender a programar, aprender a escribir usando los programas de textos, aprender a dibujar, aprender a usar programas especializados, aprender a usar equipos, aprender a reparar cosas, aprender de contabilidad, aprender a manejar el dinero, aprender ahorrar, aprender a potencializar nuestras habilidades
3. Ser voluntariosos, ser los primeros en ofrecernos a hacer las cosas, ser los primeros en querer contribuir en el trabajo y ser los últimos en irnos del trabajo, estar dispuestos a ayudar siempre sin esperar recompensa.

SEGUNDA PARTE

Capitulo III

16.-   ¿Cuestión de motivos o desmotivación?

Si te dejas vencer por el desaliento, la derrota, el dolor, significa que estás perdido y una persona así pierde todo el sentido por la vida, no encuentra ningún motivo para continuar, ni para vivir.

Ese es el primer gran paso no perder la serenidad, ni la paciencia, no caer en la desesperación, hay que calmarse y buscar como recobrar la ecuanimidad. Si te ha tocado en este momento sentir los embates del infortunio, si estás pasando por una experiencia desagradable de esas que no se le desea a nadie, tienes que tranquilizarte y tomar las cosas con calma. Debes de saber que no eres el primero en ser tumbado en esta vida, que no eres el primero que ha experimentado un inmenso dolor y sufrimiento, que en este momento no eres el único que está pasando esa penuria y que hay otros que están en peores condiciones a la tuya, que si aún estas con vida para contarla es por algo, porque todavía tienes un propósito que no se ha cumplido, tienes que recordar que después de una noche siempre sale un sol radiante, que después de una tormenta siempre viene la calma y tranquilidad, que después de un Tsunami, un maremoto, las aguas siempre regresan al mar para estar quietas y en reposo.

A veces el golpe es grande, es normal que uno quede bien aturdido, que no sabe qué hacer, o no pueda pensar nada, todo es confuso y se pierde la orientación, es en ese momento que se te mete el desánimo, como demonio se apodera de tu cuerpo y no quiere salir de ahí, se considera el dueño de tu vida y comienza a succionarte la vitalidad como las sanguijuelas chupan la sangre, como los vampiros dejan seca a sus víctimas hasta extraerle el último aliento y lo más interesante que el desánimo se convierte y transforma en carne, se hace físico, se apodera de tus órganos, se te sube la presión, andas irritado, se te pega un dolor en el pecho, se te alteran los nervios, te dan ganas de vomitar, hasta mareo sientes y te entra una desesperación, una angustia que no sabes que es y después crees que lo mejor es quitarse la vida para dejar de sufrir.

Tienes que saber que lo que sientes no es tu realidad, es simplemente una interpretación tuya de lo que está pasando y en dependencia de lo que pienses esa será la respuesta de tu organismo. Por lo tanto desde ahora tienes que saber que no estás atrapado en un callejón sin salida, que ese sentimiento de tristeza y pesar se puede revertir, se puede cambiar y te puede llevar a una mejor posición más reconfortante.

PIENSA QUE PUEDES

Si piensas que estás vencido, lo estarás.
Si piensas que no te atreves, no lo harás.
Si piensas que te gustaría ganar, pero no
puedes, no lo lograrás.

Si piensas que perderás, ya has perdido,
porque en el mundo encontrarás,
que el éxito comienza con la voluntad del
hombre.

Todo está en el estado mental.
Porque muchas carreras se han perdido
antes de haberse corrido,
y muchos cobardes han fracasado,
antes de haber su trabajo empezado.

Piensa en grande y tus hechos crecerán.
Piensa en pequeño y quedarás atrás.
Piensa que puedes y podrás.
Todo está en el estado mental.

Si piensas que estás aventajado, lo estás.
Tienes que pensar bien para elevarte.

Tienes que estar seguro de ti mismo,
antes de intentar ganar un premio.

La batalla de la vida no siempre gana
el hombre más fuerte, o el más ligero,
porque tarde o temprano, el hombre que gana,
es aquel que cree poder hacerlo.

Rudyard Kipling

17.- Las heridas se cicatrizan

Científicamente se sabe que la fisiología juega un papel importante en el estado de ánimo del ser humano, si mantienes una posición cabizbaja, con los hombros compungidos y en posición sumisa pues evidentemente que le estás indicando a tu cerebro que estas triste, que estas apesadumbrado, que estas abatido y por ende el cerebro busca pensamientos o recuerdos de tristeza y pesar, de sufrimiento, y todo el organismo se pone en consonancia con esa actitud, más si alimentas la hoguera con más pensamientos negativos, la respuesta será de negatividad y querrás sentir lástima por ti mismo o procurar dar lastima a los demás para que se compadezcan de ti y te den consuelo.

Pero si sabes que una compostura de sumisión de conduce a un estado de tristeza y pesar, pues una compostura de altivez, con la cabeza erguida, la frente en alto, los hombros en posición de firme como los de un soldado en una marcha militar, con el pecho henchido y una respiración profunda para llenar de oxigeno los pulmones, te va a conducir a una actitud de triunfador porque el cerebro sabe que toda esa posición fisiológica corresponde un estado de energía asociado a la idea de un triunfador, de un guerrero luchador y en el cerebro no se pueden mantener dos ideas opuestas al mismo tiempo, por lo tanto ante esa información fisiológica que recibe el cerebro no puede contraponerse un pensamiento de derrota, el cerebro sabe que la actitud debe de ser la de un campeón, por lo tanto neutraliza los estados deprimidos.

Hay que reforzar ese estado de energía con pensamientos positivos, con pensamientos de triunfo, de victoria, de alegría y felicidad. Ver una foto con gente alegre y feliz, sonriendo nos va a trasmitir un estado positivo, tener imágenes en nuestra mente de personas felices, riendo, alegres, de belleza, de niños jugando contentos, de gente besándose, agarrados de la mano, etc. Todo eso nos va a potenciar nuestro estado de ánimo dándonos más recursos para salir de esa negatividad en que nos encontramos.

El primer aliado que tenemos es el tiempo, dejemos que el tiempo pase que al igual que las heridas que con el tiempo sanan, así de esa forma también las heridas del alma sanan tomando píldoras de amor, de agradecimiento, de amistad, de humildad, de alegría, de compasión y autoestima.

Pero hay algo que nos puede proteger contra esos estados de ánimos negativos, de pensamientos negativos, de actitudes negativas y es el poder del agradecimiento. Es como una vacuna para el alma que nos inmuniza, nos protege para cuando vienen las desgracias, los infortunios, los desastres y las catástrofes.

El agradecimiento tiene un tremendo poder porque mantiene controlada a la fiera de la insatisfacción que todos llevamos dentro, que cuando se le da rienda suelta, cuando se escapa comenzamos a sentirnos miserables, derrotados, desanimados y no consideramos ni apreciamos todo lo que tenemos, creemos que todo lo que nos rodea es insignificante y no vale nada. No valoramos el esfuerzo de todos los que nos rodean, ya sea nuestros padres, familia, seres queridos, esposa e hijos, no somos capaces de ver porque nuestro dolor es egoísta y creemos que es solo nuestro, que nadie ha sufrido tanta desgracia concentrada en una sola persona que uno mismo. Egoísmo y vanidad se entremezclan, nos volvemos sordos y ciegos y nos encerramos en nuestra torre de marfil a llorar desconsoladamente nuestro amargo dolor, nos rendimos, no somos capaces de dar la última batalla, somos como el guerrero que al ver a su enemigo tira su arma y sale corriendo en desbandada o se tira al suelo a llorar quedando desarmado, indefenso y sin oponer resistencia, esperando el tiro de gracia.

Los individuos que toda su vida lo han tenido todo, que nada les ha costado en la vida, que no han tenido necesidad de moverse ni para agarrar un vaso con agua, los que siempre han tenido todo a sus pies y no han tenido que luchar por ello, son los primeros seres miserables porque no saben lo que cuestan las cosas, son los primero que están dispuestos a traicionar sus principios, a la lealtad, a sus amigos, a su familia, porque no saben cómo manejar el dolor porque nunca han sufrido, y prefieren entregarlo todo a cambio de unas migajas de pan.

Una maravilloso ejemplo lo vemos reflejado en la vida de Tyler Perry un actor muy famoso, comediante, productor y director, uno de los hombres mejor pagados de la industria del entretenimiento según la revista Forbes, el gano cerca de u.s.$ 130 millones de dólares en el 2011.

Perry es mejor conocido por su personaje Madeas que interpreta a una mujer afroamericana entrada en años que representa la sabiduría popular del pueblo norteamericano con su humor, consejos y recomendaciones. Ha sido el creador de muchas películas taquilleras a través de sus guiones e interpretación de su popular personaje. Ha sido el creador de varios programas de televisión exitosos, así como también su empresa ha trabajado en colaboración con la red de televisión de Oprah Winfrey.

Pero para Tyler Perry no todo ha sido color de rosa, el éxito le llego mucho tiempo después de haber luchado arduamente para subsistir y sobresalir, así como lograr ser reconocido como actor y guionista.   En su niñez solo abrigaba la idea de suicidarse para escapar del maltrato de su padre de acuerdo a su biografía. Logro sobreponerse a todos los problemas, abusos y obstáculos que encontró en su niñez y adolescencia hasta convertirse ahora en un actor y director de cine famoso y por supuesto millonario.

18.- Los calvarios son personales.

La infancia difícil que tuvo Tyler Perry con un padre que lo maltrataba lo llevo a pensar muchas veces en el suicidio. A los 16 años se cambió de nombre para así de esa forma alejarse de la figura paterna, su desesperación lo hizo abandonar los estudios muchas veces para luego retomarlos hasta graduarse.

En su biografía cuenta como su padre cuando llegaba borracho a la casa maltrataba a su madre, el salía en su defensa y el padre tomaba el cable de la aspiradora, lo encerraba en una habitación y lo golpeaba hasta que la piel se le desgarraba.

Los maltratos y abusos eran continuos, en una ocasión fue abusado sexualmente por un amigo de su padre, mientras su padre abusaba de otro menor.   También otros miembros de su familia lo abusaron. Tenía el corazón destrozado y sin motivos para vivir, no sabía si había venido a esta vida solo a sufrir y por lo tanto había llegado a la conclusión de que no valía la pena vivir.   Cuando se está siendo víctima de abusos sin poder defenderse, sintiéndose impotente ante ese calvario a veces no ves más salida que el desear la muerte para detener el sufrimiento.

Pero por casualidad del destino, Tyler vio un programa de Oprah Winfrey que hablaba del poder catarsico de la escritura, y como le ayudo a ella a superar los problemas de abusos que tuvo en su niñez. Tyler busco un diccionario inmediatamente para ver el significado de la palabra Catarsico y poder entender, descubrió que es el poder liberador, la capacidad de redimir que tienen los escritos al vernos reflejados en escenas parecidas a las vividas, por eso tomo lápiz y papel, y comenzó a escribirse cartas así mismo expresando todo lo que sentía, descubriendo el mundo de los sentimientos en palabras.

De esa serie de cartas dirigidas a si mismo salió su primera obra titulada "I Know I've Been Changed".   Confio ciegamente en su corazonada, sabía que su obra sería un éxito y por eso invirtió todos sus ahorros en realizar la obra de teatro, se trasladó a Atlanta donde presento por primera vez su obra, pero como no todo nos sale a la primera vez, igualmente esta vez fue un rotundo fracaso.

Solamente 30 personas asistieron durante la semana que duro la presentación y no logro los resultados económicos que esperaba. A consecuencia de ese revés económico Tyler termino viviendo en su carro con muchas limitaciones economicas.   Al inicio se descorazonó con los resultados de su primera obra, pero no se desanimó, lejos de hundirse en la desilusión, Tyler volvió a reescribir el libreto, esta vez tuvo una mejor aceptación, logro incursionar en el teatro mejorando constantemente sus presentaciones y haciendo adaptaciones para ganarse al público. Logro su primer éxito con una adaptación de un libro del pastor evangelista TD Jakes que rápidamente se convirtió en un éxito. También para ese tiempo creo su personaje más famoso Mabel Madea Simmons, una mujer firme, activa, jovial, imperativa, que no tiene pelos en la lengua para decir las cosas, popular y viva representación del matriarcado en las familias afroamericanas. En la obra "I Can Do Bad All By Myself", aparece Madea por primera vez, el personaje fue inspirado en su madre y otras señoras con características similares que conoció en su niñez, este rol apareció en varias obras y en su primer largometraje "Diary of a Mad Black Woman" de 2005 recaudando 22 millones de dólares en taquilla.

Tyler ha dicho que podía considerarse un superviviente después de ver una película que se estrenó en 2009 llamada "Precious" que trata sobre la vida de una joven afroamericana que no sabía leer y era abusada por su padre. Tyler dijo –

"Me golpee fuerte, estuve sentado entre lágrimas dándome cuenta de que, gracias a Dios, pude aguantarlo",… "mis lágrimas eran de alegría, daba gracias por haberlo conseguido". "Sé que hay gente con historias mucho peores que la mía, pero ustedes también pueden

lograrlo. A todos aquellos que lo han conseguido, bienvenidos a la vida."

Tyler Perry fue perseverante, sabía que tenía una misión, un propósito en la vida que lo descubrió después de aceptarse a sí mismo como un sobreviviente a los abusos y la injusticia, no quería que otros no pudieran encontrar la salida y por eso abandero sus obras y películas como una denuncia a los abusos y maltrato, dando una lección en valores que son los que deberían de regir nuestra sociedad. Siempre ha reflejado el aleccionador ejemplo de cómo salir adelante, de cómo deberían de ser las cosas y de cómo luchar contra las injusticias, que la verdad siempre triunfa.

Pero lo más importante que nos dice Perry es que hay que aprender a perdonar, sin perdón no hay redención, que es la liberación de ese dolor interno que nos ahoga, nos destroza, nos mata porque queremos venganza y sentimos odio por los que nos hicieron daño.

La historia de Tyler Perry es digna de admiración, nos demuestra que el ser humano es capaz de sobreponerse y superar las más duras y difíciles pruebas que nos pone la vida, pero no hay de otra más que continuar, avanzar y levantarse cuantas veces sea necesario para no quedarse postrado en el fango.

No culpes a nadie

Nunca te quejes de nadie, ni de nada,
porque fundamentalmente tú has hecho
lo que querías en tu vida.

Acepta la dificultad de edificarte a ti
mismo y el valor de empezar corrigiéndote.
El triunfo del verdadero hombre surge de
las cenizas de su error.

Nunca te quejes de tu soledad o de tu
suerte, enfréntala con valor y acéptala.

De una manera u otra es el resultado de
tus actos y prueba que tú siempre
has de ganar.

No te amargues de tu propio fracaso ni
se lo cargues a otro, acéptate ahora o
seguirás justificándote como un niño.
Recuerda que cualquier momento es
bueno para comenzar y que ninguno
es tan terrible para claudicar.

No olvides que la causa de tu presente
es tu pasado así como la causa de tu
futuro será tu presente.

Aprende de los audaces, de los fuertes,
de quien no acepta situaciones, de quien
vivirá a pesar de todo, piensa menos en
tus problemas y más en tu trabajo y tus
problemas sin eliminarlos morirán.

Aprende a nacer desde el dolor y a ser
más grande que el más grande de los
obstáculos, mírate en el espejo de ti mismo
y serás libre y fuerte y dejarás de ser un
títere de las circunstancias porque tu
mismo eres tu destino.

Levántate y mira el sol por las mañanas
y respira la luz del amanecer.
Tú eres parte de la fuerza de tu vida,
ahora despiértate, lucha, camina, decídete
y triunfarás en la vida; nunca pienses en
la suerte, porque la suerte es:
el pretexto de los fracasados.

Pablo Neruda

20.- Resumen

La Felicidad

Recuerda que la felicidad no es más que un estado anímico de todos los seres humanos, es un estado mental en el que convergen las sensaciones de satisfacción, recompensa, agradecimiento, plenitud, es algo que nos indica que tan realizados nos encontramos en la medida que hemos alcanzado nuestras metas o se han cumplido nuestras expectativas, o simplemente seguimos la guía de nuestro propósito en la vida, cuando hemos trascendido ese estado de sufrimiento por uno de resignación y compasión, por lo tanto la felicidad no es algo permanente ni mucho menos un estado invariante, sino mas bien es un conjunto de emociones positivas que nos inducen a sentirnos bien con nosotros mismos y con los que nos rodean, en ese estado de felicidad somos más positivos y vemos el mundo con otros ojos, vemos las cosas sin problemas, sabemos que todo se tiene que solucionar, abrigamos la fe porque sabemos que solo lo bueno puede venir y no aceptamos un "no" como obstáculo.

> *"Mi felicidad consiste en*
> *que sé apreciar lo que tengo y*
> *no deseo con exceso lo que no tengo."*
> *Leon Tolstoi (1828-1910) Escritor ruso.*

La felicidad es una filosofía de vida que nos dice cómo debemos de llevarla sin frustrarnos sin sofocarnos, sin desalentarnos, a pesar de las adversidades. Estamos conscientes que la alegría y la tristeza son dos caras de la misma moneda, que lo dulce y lo amargo son dos extremos dentro del espectro de sabores del paladar, así como la gama de colores que tiene el arcoíris así también nuestras emociones pueden sintonizar cualquier frecuencia en ese espectro y tenemos la capacidad de programarnos para mantenernos en un estado de felicidad permanente consciente.

El día para ser día necesita de esa fuente lumínica que es el sol y sin sol no hay día, así mismo la felicidad necesita de un estímulo continuo de nuestra parte, un condicionamiento programado que ante las cosas cotidianas de las vida despertemos nuestra felicidad, que ante la imagen de un niño tierno nos despierto ese sentimiento de ternura y amor, que ante una sonrisa nos desbordemos de dulzura y afecto, que ante una flor nos llenemos de regocijo, incluso ante las ofensas no respondamos con ofensas, sino por el contrario tengamos perdón, ante los insultos respondamos con buenas acciones, si nos golpean la mejilla pues pongamos la otra con sentimiento de amor hacia el prójimo.

No pensemos en la maldad del mundo, en las guerras, las injusticias, en la corrupción, los malos gobiernos, en la explotación de los trabajadores, en la esclavitud existente, volquemos nuestra mirada sobre nosotros, sobre nuestro corazón, con un alma que decida aportar a la paz brindando amor eso ya cuenta para la construcción de la paz a nivel mundial y hacer de este sitio un lugar mejor.

Escojamos ser felices todos los días, a cada momento, desde que nos levantamos hasta que nos vamos a la cama a dormir, el ser así también hace feliz a la gente que nos rodea.

La Responsabilidad de nuestras acciones.

Otro elemento sustancial de este capítulo es la responsabilidad de nuestras acciones, todas, absolutamente todas las acciones de nuestra vida, de nuestro proceder son responsabilidad nuestra, somos el padre que las engendró, somos el dueño de ellas, así que no podemos decir que hemos actuado sin querer o que no sabíamos lo que hacíamos.

Si observas bien toda acción es la respuesta a un estímulo, incluso si no hay acción también podemos decir que esa inacción es la respuesta a algún estimulo que te llego, pero entre el estímulo y la respuesta se encuentra la toma de decisión, lo que se conoce como el libre albedrio, la potestad del ser humano de tomar una decisión de forma consciente para poder actuar. Por lo tanto todas tus acciones son producto de tu toma de decisión y si no lo haces, pues te vas a meter a problemas porque alguien más puede decidir por ti y eso es muy peligroso. Tienes que estar consciente que todo depende de ti, nadie te puede obligar a actuar de una forma u otra si no es por tu convencimiento y con tu beneplácito.

Si andamos con delincuentes pues es claro que nos vamos a volver delincuentes, si andamos con drogadictos vamos a caer en las redes de la droga, si andamos con borrachos y pendencieros pues de igual forma los estilos se reproducen, copiamos los comportamientos de los que nos rodean y por ultimo nos convertimos en una más de ellos. A como dice el dicho popular que el que con lobos anda a aullar aprende.

Los consejos

Recuerdas el dicho que te decían en la escuela de que el que no oye consejo no llega a viejo, pues muy cierto, verídico. Nosotros desde niño aprendemos por observación e imitación de todo lo que hacen nuestros padres, nuestra familia, los vecinos y lo que aprendemos en el colegio. Pero llega un momento que nuestro cerebro desarrolla otras habilidades para aprender más rápido porque lo que lo que nos dicen en la escuela no es suficiente y aprendemos después de las lecturas que nos cuentan los libros, de muchas experiencias acumuladas en esas historias y también de la sabiduría popular que se transmite a través de los dichos y refranes.

Tenemos que ser lo suficientemente inteligentes para entender que nuestra vida es efímera en comparación con la historia de la humanidad, nuestra esperanza de vida ha ido aumentando con los nuevos adelantos científicos, pero aun así que son 60, 70, 80 años con relación a la existencia del ser humano. En un suspiro pasas de niño a joven, de joven rápidamente pasas a la edad adulta para a la vuelta de la esquina estar ya en la edad Madura quejándote que no te dio tiempo de enmendar errores y que necesitas más tiempo como joven para ahora si no volver a fracasar. Por ello es muy importante que la juventud se forme en valores que le van a conducir a puerto seguro porque el tiempo es oro y tiempo perdido hasta los santos lo lloran.

Nunca desestimes los consejos, aprende a apreciarlos y tratar de ponerlos en práctica de forma consciente y decidida. Todos hemos sido curiosos cuando jóvenes y hemos pretendido creer que lo sabemos todo para después darnos cuenta que apenas andamos en pañales.

"Saber que no se sabe, eso es humildad.
Pensar que uno sabe lo que no sabe,
eso es enfermedad."
Lao-tsé (570 aC-490 aC) Filósofo chino.

El deber de levantarse

La vida ensena que las desgracias y el infortunio le puede llegar a cualquiera y en cualquier momento, son muchas las formas en las cuales nos podemos ver afectados desde huracanes, maremotos, guerras, atentados terroristas, accidentes, enfermedades, etc. Perdemos la noción de que el mundo está en constante movimiento y eso hace que de alguna u otra forma hallan estreses de alguna forma en cualquier parte del mundo, por lo tanto nadie está exento de salir afectado de algún encontronazo con las fuerzas del universo.

Por lo tanto debemos de estar claro que este mundo no es tranquilo, sino que es un lugar caótico lleno de encontronazos y más de alguno te puede tumbar y mandar al piso. La probabilidad es grande por lo tanto no debemos de asustarnos, sino verlo de forma natural, es un proceso natural de caerse y levantarse, debemos de adquirir las habilidades necesarias para soportar el dolor y levantarnos lo más pronto posible antes que otros nos pisen en el suelo o nos atropellen cuando estemos en el intento de levantarnos. Recuerda que al perro más flaco se le pegan las pulgas y también a como dice el otro refrán popular: "tras cuernos, palo". Los males no vienen solos sino que te llueven todos a la vez.

Cuando todo se ha derrumbado a nuestro alrededor lo que hay que hacer es no perder la serenidad, calmarnos y armarnos de paciencia. No dejar que los sentimientos de culpan nos dominen, que la desesperación se apodere de nosotros.
Aprender a renacer, aprender a levantarse, aprender a curarse las heridas, poner en orden las cosas, aunque la vida ya no vuelva a ser la misma pero tú tienes que seguir viviendo.

¿Cuestión de motivos o motivación? Si te dejas vencer por el desaliento, la derrota, el dolor, significa que estás perdido y una persona así pierde todo el sentido por la vida, no encuentra ningún motivo para continuar, ni para vivir. Ese es el primer gran paso no perder la serenidad, ni la paciencia, no caer en la desesperación, hay que calmarse y buscar como recobrar la ecuanimidad. De lo contrario el desaliento se transforma en físico y se apodera de tu cuerpo, de tus órganos, de tu salud, de tu estado físico, mental y emocional.

Tienes que saber que lo que sientes no es tu realidad, es simplemente una interpretación tuya de lo que está pasando y en dependencia de lo que pienses esa será la respuesta de tu organismo. Por lo tanto desde ahora tienes que saber que no estás atrapado en un callejón sin salida, que ese sentimiento de tristeza y pesar se puede revertir, se puede cambiar y te puede llevar a una mejor posición más reconfortante.

El poder del agradecimiento

El tiempo cicatriza las heridas, es nuestro principal aliado. las heridas del alma sanan tomando píldoras de amor, de agradecimiento, de amistad, de humildad, de alegría, de compasión y autoestima.

El poder del agradecimiento es una vacuna que nos inmuniza cuando aparecen las calamidades, las desgracias, los problemas, los males. El agradecimiento tiene un tremendo poder porque mantiene controlada a la fiera de la insatisfacción que todos llevamos dentro, que cuando se le da rienda suelta, cuando se escapa comenzamos a sentirnos miserables, derrotados, desanimados y no consideramos ni apreciamos todo lo que tenemos, creemos que todo lo que nos rodea es insignificante y no vale nada. No valoramos el esfuerzo de todos los que nos rodean, ya sea nuestros padres, familia, seres queridos, esposa e hijos, no somos capaces de ver porque nuestro dolor es egoísta y creemos que es solo nuestro, que nadie ha sufrido tanta desgracia concentrada en una sola persona que uno mismo.

La falta de agradecimiento pone el corazón duro, no tiene sentimientos, se hace de piedra y muchas veces los que son así consideran que eso es bueno porque en un mundo altamente competitivo para poder triunfar hay que ser desalmado, no tener sentimientos, no mostrar debilidad, hay que pasar encima de los demás, sin compasión, sin piedad y que si no lo haces otros te van a pisotear.

Casualmente el mundo está así de mal por la falta de sensibilidad hacia los demás, hacia el medioambiente, hacia las injusticias, hacia la democracia, hacia los animales, hacia los necesitados. No hace falta seguir mencionando toda una lista de males que son producto de la falta de sensibilidad, de la falta de empatía y falta de amor al prójimo. Pero si queremos enmendar en algo esta situación, debemos de comenzar por el poder del agradecimiento, agradecer por la vida, por tener una familia, porque cada día sale el sol, por el milagro de la risa y los colores del arcoíris, por la belleza de las flores, de la naturaleza, dar gracias por el trabajo de cada día que te permite llevar el pan a tu casa y darle de comer a tus hijos, dar continuamente gracias a todo y así poco a poco vas a ir desarrollando una actitud de agradecimiento que va a transformar tu vida, totalmente.

Sugerencias

1.- Plante un árbol. Si eso mismo, escoja un árbol que le inspire, que le guste, que lo aprecie. Lo puede comprar en alguna tienda de plantas que se dediquen a la venta de árboles de diferentes especies y lo planta. Este ejercicio es bueno hacerlo con cada uno de sus hijos y vera lo interesante que será para ellos. Cuando pase el tiempo y usted ya no esté aquí, ellos lo recordaran cada vez que vean al árbol.

Esta demás decir todas las buenas cosas que eso representa, le da a usted una perspectiva diferente de la vida, le da existencialidad, le da visión de futuro, le da propiedad, le da trascendencia y sobretodo se establece el vínculo entre usted y la naturaleza creando armonía.

2.- Visite a los enfermos de un hospital, visite a los presos de una cárcel, visite algún barrio marginado, alguna favela, visite algún centro de rehabilitación de adictos a las drogas o al alcohol. Esto lo pondrá en una nueva dimensión de ver cuán afortunado es usted en este momento. A como dice el Papa Francisco cuando visita algún centro de refugiados, alguna cárcel o un hospital: ¿Por qué ellos y no yo? No veamos esta tarea como algo superficial y que para que hacerlo si ya conocemos por medio de la televisión lo que son los hospitales, lo que son las cárceles. Pues bien, tiene que saber que no es lo mismo, nunca va a ser igual ser un espectador a lo lejos que experimentar el contacto directo.

3.- Intégrese a su comunidad, participe de las actividades en su comunidad en la medida de lo posible, en caso de no poderse pues trate de buscar alguna organización de esas que tratan de apoyar a los necesitados, desvalidos, enfermos etc., o que luchan por las libertades, por los derechos civiles, por la igualdad de género, por la paz mundial. Para que se integre o participe con ellos de las actividades que realizan en pro de muchas actividades por el bien común. Nuestra participación va a un efecto reciproco tanto va beneficiar a la organización a la que nos integramos, así como también hace una mella en nuestra persona, provoca un cambio que al principio no lo vamos a notar, pero que después se va a ver la diferencia. Los resultados son muy positivos.

4.- Ha escuchado usted el dicho que dice: "Nada es verdad, nada es mentira, todo es según el color del cristal a través del cual miras." Pues es muy cierto, toma nota de ello que lo vamos a utilizar más adelante, pero en esta ocasión te vamos a proponer que sintonices el color del filtro que hay en tu cerebro de un color gris oscuro atormentado a uno más claro, dulce, suave y tierno. El ejercicio consiste en tomar unos 10 minutos de nuestro tiempo en que nos sintamos libres, relajados, sin ninguna presión y observar detenidamente las cosas que nos rodean. Si estamos en el campo, en la calle o en nuestra habitación, prestar atención a lo que tenemos delante de nuestros ojos y decirnos de forma convincente que lo que vemos es lindo y bello, por ejemplo:

- ✓ Esta rosa es linda, bella y me gustan sus colores.
- ✓ Esta piedra es linda, bella y está en armonía con el universo.
- ✓ Estas manos son lindas, bellas y trabajadoras me gustan porque me dan de comer.
- ✓ Mi novia en esta foto esta linda, bella y hermosa cada día me enamoro más de ella.
- ✓ Mis hijos son lindos, tiernos y bellos cada día los quiero más.
- ✓ Mi esposa es linda, hermosa, cariñosa y bella cada día la quiero más.
- ✓ Mi hermano es lindo, hermoso y bello cada día lo quiero más.
- ✓ Esta hormiga es bonita, bella y trabajadora es maravillosa.
- ✓ Este cachorrito es lindo, hermoso y bello cada día me encariño más, cada día lo quiero más.

✓ Cada día estoy más feliz, más contento y cada vez me siento mejor y mejor.

Nunca utilices palabras negativas o calificativos despectivos o negativos porque eso corta el efecto de lo que se quiere, que es crear una nueva estructura mental de pensamiento positivo que te va a ayudar a sentirte mejor, a poder apreciar las cosas que te rodean, a valorar lo maravilloso que es este mundo y descubrir que la felicidad está en todas esas pequeñas cositas positivas que podemos apreciar y que no se necesita una fortuna para poderla conquistar.

Hay que hacer este ejercicio todos los días, las veces que sea necesario, pero al menos una vez al día, practicarlo de forma religiosa y después de un mes comenzaras a sentir los cambios deseados.

Capitulo IV

El arte de estar bien

"ESTOY BIEN" – pronunciémoslo fuertemente frente a un espejo, llenamos nuestros pulmones de aire respirando profundamente y levantando nuestras manos bien alto y pronunciemos varias veces:

"Estoy Bien, me siento ben, Gracias porque estoy bien, porque cada vez estoy mejor y mejor, porque cada día mejoro más y más. Estoy bien, me siento bien."

Suena extraño decir la primera vez que estoy bien porque es algo que no aceptamos si sabemos que tenemos problemas, que estamos pasando por dificultades, es algo que no creemos y casualmente es el origen de nuestra falta de entusiasmo, de confianza y fe en el porvenir.

Pero si continuamente inundamos nuestra mente con este pensamiento positivo vamos a lograr la fijación de una imagen positiva sobre nuestro estado general haciendo que surjan preguntas que nos conduzcan hacia un estado de confirmación, aceptación, comprobación y reconocimiento de que sí estamos bien a pesar de las vicisitudes que estamos pasando, que hay otros que están en peores condiciones y nuestro cerebro va a terminar aceptando que ese es realmente el verdadero estado que tenemos por lo cual nos vamos a convertir en una persona positiva y optimista.

Si acompañamos este ejercicio con fotos que inspiren, que levanten el entusiasmo, que muestren nuestro ideal, que nos represente a donde queremos llegar, a quien queremos parecernos, donde queremos estar.   Podemos poner en nuestro cuarto unos murales que resalten las metas que queremos, nuestros anhelos, nuestros sueños, nuestros ídolos, o nuestros héroes, cualquier cosa que pueda servir para inspirarnos, para entusiasmarnos para engrandecernos y motivarnos es justo lo que necesitamos. Así que manos a la obra construyamos nuestro cuartel general desde donde vamos a dirigir la batalla a la conquista de nosotros mismos.

Tenemos que reconocer que esta práctica poco usual para nosotros que hemos vivido en un mundo de desconfianza nos hace sentir ridículos, estúpidos, pero debemos de dejar a un lado esa sensación de desconfianza y darle paso a la aventura, actuar de lo más natural posible como cuando niño aceptábamos cualquier juego con tal de divertirnos, pues así de esa forma divirtámonos que no vamos a perder nada, todo va a ser ganancia y nos vamos a sumergir en un mundo asombroso, enigmático, maravilloso que va a despertar a la verdadera persona que hay en ti, a ese campeón o campeona que esta adormecida en lo más profundo de tu ser esperando a ser despertada, a ser llamada, a salir a flote y reclamar todos sus derechos que le han sido vedados.

No lo dudes, recuerda que cuando tu naciste, fuiste afortunado, llegaste al mundo con vida, y no traías nada consigo, no tenías nada, llegaste desnudo, solo con el llanto en tu garganta y un gran deseo por vivir. Hoy lo tienes todo, lo más preciado que es la vida, tienes un techo donde guarecerte, tienes unas manos para trabajar, tienes unos sentidos para orientarte, tienes una mente brillante llena de pensamientos sorprendentes, llena de sueños, ilusiones y esperanzas.

Respiras el aire puro de la naturaleza, sientes la brisa que refresca y acaricia tu rostro, tienes muchas cosas que otros no tienen y no pueden porque tal vez nacieron con una condición física distinta pero que no los hace diferentes como seres humanos porque ante los ojos de Dios todos somos iguales, pero tú, que puedes moverte, dar un abrazo, estrechar una mano, recibir un saludo, dar una sonrisa, compartir un beso, ver salir el sol cada día, descubrir los colores maravillosos del mundo que te rodea, ver a la persona amada, a los hijos, a la madre, al padre y que puedes oler y disfrutar el aroma de las flores, el perfume que llevas, lo tienes todo.

Puedes levantarte, correr, brincar de alegría, y si no lo haces es porque no lo deseas, pero puedes hacerlo, puedes bailar la música que más te gusta, danzar con la persona de tus sueños, expresar tus sentimientos sin obstáculos y decir transparentemente un te quiero, te amo y te deseo, lo tienes todo, tienes un corazón que palpita y te cuenta los segundos de tu vida, tienes una memoria donde guardas los más lindos recuerdos desde cuando eras niño, desde que entraste al colegio, a la universidad, cuando te graduaste, cuando obtuviste tu primer trabajo, cuando nació tu primer hijo.

Lo tienes todo, tienes un alma bondadosa que sabe expresar compasión por los necesitados, por los que no tienen techo, por los que no tienen pan, por los que sufren y tienen el corazón atormentado.

Pero tu estas bien, las cosas salen bien, no como tú quieres pero si salen bien porque la fuerza del universo está a tu favor y te cuida, te protege de los obstáculos, porque las personas felices son afortunadas todo les va bien y a ti también, todo te va bien, porque no reniegas de lo que se te ha dado, de tus dones y talentos, más bien estas agradecido de lo que tienes y es suficiente para ser feliz, porque las cosas se dan de forma mágica y las oportunidades le llueven a aquellos que constantemente agradecen el pan de cada día, que saben que no son más que nadie en esta vida y que todos venimos a ella con un fin y un propósito que se nos va revelando poco a poco en la medida que vamos dominando el arte de vivir y trabajar.

Sabes que el futuro puede tener muchas puertas y solo por una vas a pasar, todo depende de cual escojas el día de hoy con tu actitud, tus pensamientos, tu deseo, tu esfuerzo y abnegación. Nadie puede pasar por la puerta más grande si no se lo ha ganado, ni te es permitido, ni tampoco las riquezas te pueden garantizar que seas el primero o el más afortunado, porque si eres esclavo del amor al dinero, ten por seguro que eso no te va a llevar a la felicidad ni a ningún otro lado solo al lugar más lúgubre y desolado que puedas imaginar, a una vida amargada y dolida, sin felicidad y con un gran vacío a tu alrededor.

El dinero simplemente es un medio para lograr hacer y hay que saber hacer si eso se nos ha encomendado, si ese es nuestro designio, porque los bienes del mundo son para todos los seres humanos sin distinción, y están a la mano para todos, todos deberíamos ser ricos no solamente en dinero y bienes materiales, sino también en amor, felicidad y alegría por la vida.

21.-   El deseo y la voluntad la mejor fuerza.

Así que estas bien, lo tienes todo, todo lo tienes a la mano y solo basta con pedirlo, con quererlo, con trabajarlo y desearlo, como por arte de magia las cosas se cumplen y los milagros suceden todos los días y a cada minuto, hay milagros en la naturaleza, en tu trabajo, en tu casa, en tu familia, pero a veces no los vemos, no tenemos el entendimiento para ver, y cuando logremos esa grandeza habremos escalado la montaña correcta la cima de la sabiduría para vivir una gran vida que puede estar a nuestro alcance en esta tierra, en la palma de la mano.

Perdemos cuando nos aferramos a victorias pasadas, creemos que las cosas no pueden cambiar nunca, pero no es así, todo está en continuo movimiento, desde la materia que está formada por átomos y en ellos los electrones están en continua actividad moviéndose a una velocidad increíble, todo se mueve, la vida misma es movimiento, el universo se mueve, se mueven los planetas, las galaxias, todo se mueve y al estar en continuo movimiento significa que nada queda igual, que todo pasa a una condición diferente, a un nuevo lugar en el espacio y el tiempo.

Nadie puede hacer cambiar a nadie, nadie puede ser ayudado si esta persona no lo desea, si tampoco esta persona no solicita ayuda, y en caso de que la solicitara, solamente él puede hacer que cambie su actitud, solo él puede decidir qué es lo que quiere hacer con su vida y solo él tiene que pagar el precio que se requiere para alcanzar lo que se desea.   Ante estas verdades, lo único que nos queda es tratar de motivar e incentivar a alguien que se encuentra en ese trance a que pueda hacer el esfuerzo de encaminarse hacia un mundo mejor para una mejor calidad de vida, para recuperar ese estado de equilibrio, de paz y tranquilidad, y desechar aquellas espinas que nos están atormentando.   Solo uno es el dueño se su propio albedrio, solo uno es el que tiene la llave para abrir esa puerta que está cerrada para salir hacia un mundo radiante de alegría y felicidad.

A veces nos sobrevaloramos tanto que no aceptamos lo que nos está sucediendo, el ego se nos ha elevado hasta llegar a la luna o a Júpiter y nos consideramos imprescindibles, intocables, llenos de soberbia que no aceptamos nada, ni la más mínima critica.   No aceptamos la condición en que hemos caído y lo que hacemos es justificarnos llenándonos de más soberbia y crítica destructiva hacia los demás, que no saben hacer las cosas como uno, que se las van a ver de a palito cuando quieran hacer esto o aquello sin mi presencia, o que verán como a la vuelta de la esquina saldrán corriendo a buscarle porque nos creemos indispensables.   Más no sabemos que en este mundo cambiante nos hemos vuelto obsoletos, o nos hemos vuelto viejos, que da lo mismo.

El aceptar esa realidad, el aceptar la condición en que nos encontramos y utilizarla como punto de partida para nuevos retos, para nuevos desafíos, esa es la salida, esa es la solución para empoderarnos de nuevos propósitos que nos darán la vitalidad para seguir adelante con nuevas fuerzas, rejuvenecido y lleno de entusiasmo, pasión y amor.

Recuerda la primer tarea es desear, el deseo, el querer hacer o querer lograr algo por ahí se comienza todo.   Nadie ha logrado nada sin desearlo, sin habérselo propuesto de forma consciente. ¿Pero esto será tan trascendental para que haya necesidad de remarcarlo?   Claro que sí, aquí viene toda la esencia del asunto

"Hay una fuerza motriz más poderosa que el vapor, la electricidad y la energía atómica: la voluntad". Albert Einstein

Es la combinación perfecta el deseo más la fuerza de voluntad, el querer es poder como decía mi abuela, es la amalgama perfecta que tensa las cuerdas del ser humano como en un arco que se estira hasta acumular al máximo toda esa energía potencial que se transforma en energía cinética cuando la flecha sale disparada en dirección del blanco.   Eso es lo que hay que buscar esa melodía entre deseo y voluntad, esa armonía sublime que todo lo puede que es la que ha movido a la humanidad desde tiempos antiguos y que logrado transformar al mundo.

22.- Todo es puro movimiento.

Así que no podemos pensar que todo va a estar igual que antes, que todo será igual que siempre, eso no puede ser, eso es estar en contra de la naturaleza, y si pensamos así, corremos el riesgo de sufrir grandes decepciones, porque tarde o temprano nos vamos a dar cuenta que la corriente nos ha arrastrado y tal vez nos ha llevado hacia el borde del precipicio.

La vida, la sociedad, las organizaciones, los países, las fronteras, todo se mueve, todo cambia y por lo tanto no podemos aferrarnos a creencias equivocadas que la vida sigue igual, porque más bien nos va a dar dolores de cabeza y sufrimiento al no poder confirmar que la realidad pasada va a ser igual que la nueva.

Todo cambia.   Y por esa razón vamos cambiando, vamos madurando, vamos creciendo y tenemos que aceptar que todo sale no como yo quiero, sino condicionado a las fuerzas del universo que son las que imponen mi realidad y yo tengo la suficiente flexibilidad para adaptarme a esos cambios y encontrar mejores alternativas que me lleven y conduzcan a alcanzar mi meta, mis sueños.

Si bien es cierto que todo es movimiento, nada se encuentra estático en este mundo, todo está en una agitación constante de cambio, en una efervescencia única que muestra la acción de todas las fuerzas entrando en acción, de toda esa energía mostrando todo ese poder de cambio, esa iteración única hacia nuevas formas, hacia nuevos estados que nos ponen en nuevas dimensiones. Pero si todo eso está en ese estado de ebullición, ¿por qué razón nosotros no nos percatamos y fácilmente nos sumergimos en un estado de inamovilidad en un estado de letargo completo? Pues nos pasa lo del famoso experimento de la rana, del síndrome de la rana que es colocada en un recipiente con agua caliente y esta al sentir el agua hirviendo salta inmediatamente por instinto para salvarse de ser cocinada, pero si colocamos la rana en un recipiente de agua fría y la ponemos al fuego, la temperatura del agua va a ir cambiando poco a poco hasta llegar a su punto de ebullición, pero la rana no saltara del recipiente porque su organismo se va adaptando al cambio de temperatura aunque esta sea en su propio detrimento hasta que es cocinada sin que esta se percate. Su sistema nervioso va poco a poco adaptándose al cambio y no lo percibe como una amenaza.

Así como esa rana que se acomoda y se queda tranquila porque los cambios de temperatura no son bruscos y se adapta fácilmente, así nosotros nos adaptamos fácilmente a los cambios continuos de la vida, de la naturaleza y no los percibimos como una amenaza, más bien nos acostumbramos a ellos tomando una actitud muchas veces pasiva. Todos sabemos que nos desplazamos en el especio a una increíble velocidad, vamos viajando a 29.8 km/s junto con la tierra en su viaje alrededor del sol y nosotros no percibimos esa velocidad. Pero si la tierra frenara súbitamente, todos saldríamos disparados al espacio como cuando somos lanzados fuera de un vehículo que viaja a alta velocidad y que frena de pronto.

Cuando usted va en un vehículo toma todas las precauciones necesarias para no sufrir golpes o daños a la hora de que nuestro auto choque contra algo o que frene súbitamente. Esa precaución es producto de las medidas de seguridad para evitar accidentes en las personas que viajan. No le parece a usted correcto de que tomemos medidas similares a la de esos pasajeros pero en este caso sería de prepararnos para enfrentar imprevistos en nuestras vidas que nos puedan llevar a situaciones muy difíciles y dolorosas, que se pudieran haber evitado si de antemano hubiéramos tomado esas precauciones.

¿Pero qué cosa nos podría proporcionar esas precauciones para hacer más seguro nuestro viaje por esta vida, por esta tierra? Creo que usted habrá escuchado la historia bíblica que aparece en el Génesis 41 donde el Faraón tuvo un sueño, según cuenta la historia que en ese sueño vio que del rio subían siete vacas hermosas y muy gordas y que pacían en el prado, pero detrás de ellas subían del rio otras siete vacas pero que estas eran terriblemente flacas y feas, y que las vacas flacas se comían a las gordas. José logro interpretar el sueño del Faraón y le dijo que eso significaba lo que Dios iba a hacer, que vendrían siete años de abundancia sobre la tierra de Egipto y que después vendrían siete años de hambre como nunca se habrá visto.

Ese sueño fue una advertencia oportuna para el Faraón que tomo las medidas necesarias para evitar esa catástrofe, esa hambruna, aprovechando el tiempo de abundancia durante el cual logro ahorrar lo más que pudo para después abastecer a su pueblo durante el tiempo de escasez.

En la práctica no todos tenemos esa advertencia oportuna, ni tenemos una bola de cristal que nos anuncie lo que va a pasar en el futuro próximo. Pero si podemos ser precavidos, vivir una vida austera y hacer los ahorros correspondientes para estar preparados en caso de una eventualidad. Lo seguro es que tengamos dificultades, que aumenten los problemas, que seamos propensos a sufrir algún percance, que seamos afectados por algún caso fortuito que nos ponga en una situación precaria, entonces ¿qué debemos de hacer?, pues como has de comprender todos deberíamos de cierta forma ser precavidos, tomar las medidas necesarias a fin de que podamos estar hasta cierto punto protegidos, tenemos que dejarnos llevar por el buen sentido común, por el buen juicio a fin de que nos preparemos para esas eventualidades.

Por lo general a todos nos pasa que cuando logramos tener un poco de dinero no hayamos en que gastarlo, siempre estamos pensando en que invertir como que el dinero nos estorbara, nos entra una desesperación por gastarlo o por querer invertirlo y muchas veces sin tener un plan específico ni seguro, por lo tanto esas inversiones a la ligera lo único que hacen es que perdamos nuestros ahorros y nos quedemos sin ningún centavo.

Así que seamos precavidos, tengamos siempre un ahorro para esas eventualidades y no gastemos más de lo necesario, recuerda que debes de tener por separado el ahorro para eventualidades lejos del ahorro para inversiones que son dos rubros totalmente diferentes que no deben de estar en la misma canasta.

a) El tiempo pasa y nos volvemos viejos
b) Lo que bien se aprende jamás se olvida
c) Los adelantos tecnológicos de hoy, mañana ya están obsoletos.
d) La práctica hace al maestro.
e) Mantente siempre actualizado y desarrolla nuevas habilidades y destrezas para no quedar rezagado en el pasado.
f) Ningún trabajo es seguro
g) Solo la imaginación te abre las puertas al futuro.

23.- El éxito y el fracaso.

En la vida no hay éxito ni fracaso, ya se ha dicho desde hace mucho tiempo atrás que todo es la apreciación que se tenga de la comparación de un estado con otro, un antes y un después y de esa apreciación que se tiene, muchos juzgamos de si hemos sido exitosos o fracasados, pero para mí no hay un blanco y un negro, sino solamente una oportunidad para aprender, para no volver a cometer los errores y para emprender la tarea con una nueva experiencia y mayores oportunidades para lograr mis objetivos.

El perfeccionamiento en base a la prueba y error ese es el camino correcto en la vida, desde que comenzamos a dar los primeros pasos, los niños con cada caída van mejorando el proceso de aprender a caminar, así también se aprende a andar en bicicleta, cayéndose y aguantando unos cuantos golpes hasta que logramos adquirir la habilidad necesaria para desplazarnos sin caernos.

Todo en la vida es prueba y error, pero nosotros los seres humanos nos aturdimos queriendo demostrar en las escuelas que todo se puede hacer a la perfección desde la primera vez, que los mejores son los que no reprueban los exámenes, que los mejores solo son los que no se equivocan, pero los equivocados son ellos, porque así no se llega a ningún lado, más bien convertimos las escuelas en una fábricas de seres frustrados, de egresados que se estresan continuamente al no estar a la altura de las expectativas inculcadas por los maestros actuales.

Nadie nace aprendido en la vida, todos nacemos con el disco duro en blanco y lo vamos llenando a base de la experiencia de nuestra existencia poco a poco, en la medida que adquirimos nuevas habilidades, nuevas destrezas, nuevas experiencias son las que nos van dando el poder del juicio y la razón, pero sin ese conocimiento no podemos jactarnos de ser unos entendidos en la materia. Nuestra mente evoluciona y se enriquece de las experiencias cotidianas, del aprendizaje inducido o formal, de todo lo que vemos a nuestro alrededor, somos un ser que se va perfeccionando poco a poco en la medida que cometemos errores y los vamos superando, es un proceso de perfeccionamiento que dura toda la vida y lamentablemente ese aprendizaje no lo podemos pasar libremente como se copia un disco a otro disco, sino que cada ser humano tiene que llevar su propio proceso de aprendizaje, en cierta medida la educación formal nos da cierta pauta a seguir para poder aprender algo sin necesidad de que pasen muchos anos o por la vivencia propia, sino que en parte es un conocimiento transmitido por la educación formal. Eso es bueno, pero no todo lo da la escuela, se requiere tener la propia experiencia que nos va a dar un juicio normal racional.

No tenemos que frustrarnos con cada fracaso, no debemos de mortificarnos con los fracasos que obtenemos cada día, simplemente es que hemos encontrado una forma más de cómo no se deben de hacer las cosas, simplemente decirnos que ha llegado el momento de cambiar el enfoque, de verlo desde otra perspectiva y probar de nuevo hasta que alcancemos los resultados esperados.

"Hay dos cosas infinitas: el Universo y la estupidez humana. Y del Universo no estoy seguro". Albert Einstein (1879-1955)

Solo el tiempo nos da la perspectiva adecuada para evaluar las cosas en una nueva dimensión porque al inicio no contamos con resultados que validar y al final recibimos lo que hemos cosechado.

Otra historia también de la vida real, que siempre me estremece, es la historia de dos niños que a la edad de 13 años llegaron como inmigrantes a los Estados Unidos. Hugo Roberto Presa, (https://www.youtube.com/watch?v=AmaHRumcQYo), cuenta la historia paralela de dos jóvenes inmigrantes que tomaron diferentes caminos. Es un mensaje para los jóvenes.

Uno de los niños era Luis Reyes de origen salvadoreño, nacido en el Cantón de El Tamarindo, departamento de La Unión, vivía en extrema pobreza en una casa que distaba mucho de ser considerada casa, pasando dificultades económicas muy serias, sin posibilidades de estudiar ni de comprarse ninguna mudada, su primer par de zapatos los estrenó a la edad de 7 años.

Las difíciles condiciones económicas de sus padres, la crisis y la guerra civil que vivía el país lo empujaron a tomar la ruta del inmigrante para irse como mojado a los Estados Unidos. El otro niño de esta historia, era Oscar Jiménez de origen mexicano de Tepic, Nayalit. Su padre había fallecido cuando él tenía 3 años, se había quedado solo con su abuela y era tanta la miseria y pobreza en la que vivían, que hizo que la abuela tomara la decisión de irse con su nieto a buscar mejores condiciones de vida a los Estados Unidos.

Los dos niños tuvieron que recorrer miles de kilómetros, ambos cruzaron la frontera de forma ilegal, en fechas diferentes hasta que llegaron a los Ángeles, California.   Ese fue el punto común de destino, porque luego tomaron rumbos diferentes.   Luis después de estar unos cuatro días ahí, se mudó con otros inmigrantes para Washington donde le habían dicho que unos salvadoreños ahí le podían dar trabajo.   Desde que llego le ofrecieron trabajo en un restaurante como lavaplatos el cual acepto gustosamente.

Oscar se quedó en los Ángeles con su abuela, una pobre anciana que apenas tenía fuerzas para vivir, pero no podía controlar las energías de su nieto que cada vez se involucraba más con las pandillas y las drogas, robando cualquier cosa como si fuera un deporte.   Su abuela le pedía que no anduviera en esas pandillas, que dejara esa mala vida, que buscara como ir a la escuela, pero los consejos le entraban por un oído y le salían por el otro sin hacer mella en su corazón.   Lentamente fue absorbido por el mundo de las drogas y la criminalidad.

Por otro lado Luis se decía así mismo que su ansia no era quedarse lavando platos, sino crecer, tener algo, por ello siempre vivía entusiasmado por aprender y contento por la oportunidad que le habían dado, además de lavar platos lo promovieron de ayudante para pelar verduras, fue creciendo dentro del restaurante, pelando papas, zanahorias, pelando vegetales, aprendió rápidamente lo que es la preparación de alimentos, luego lo pusieron en la cocina como ayudante, ahí aprendió de cocinero.

Ahí entre pailas y cazuelas en la cocina, conoció a su socio que trabajaba de camarero, la amistad que hicieron los llevo a compartir sus sueños y decidieron emprender un proyecto. Luis siempre se caracterizó por ser muy dicado, muy honesto, muy trabajador.   Para esta nueva aventura pusieron veinte mil dólares cada uno, todos sus ahorros.

Por otro lado, aquel niño que ahora ya había crecido y se había convertido en un adulto, Oscar, continuaba con su carrera criminal, ya para ese momento vivía más en la cárcel que libre, duraba más tiempo en la cárcel por las fechorías que hacía que estando libre en las calles. Iba recorriendo de cárcel en cárcel.

Luis y su socio con su nuevo restaurante duraron 16 años alquilando el local y llego un momento que el dueño no les quiso renovar el contrato y como dice el dicho que no hay mal que por bien no venga, les surgió una oportunidad porque cerca de ahí vendían un local, que el terreno les permitía ampliarse y crecer, no la pensaron dos veces y compraron el terreno, consiguieron los préstamos y se fueron para allá. Así fue que se iniciaron en ese nuevo local, un lugar que en la actualidad les llega más o menos unas 1500 personas diarias, ofrecen empleo a 400 personas, y es uno de los restaurantes más grandes de Washington, con ingresos por ventas de 36 mil dólares diarios en uno de sus restaurantes, ya cuentan con dos restaurantes y a Luis los días se le hacen muy cortos.

Mientras que a Oscar se les hacen eternas las horas en la prisión Sacramento de California donde está preso para toda la vida. Oscar dice que en su corazón solo hay tristeza y cuando ve la televisión mira que hay mucha gente que no puede hacer cosas porque están enfermas pero el que esto sano, pero está ahí preso.

Dice Oscar con la voz entrecortada por el llanto y la angustia al momento de la entrevista: - *"Le pido perdón a mi abuela, le digo que ya cambié, que ya dejé las pandillas y ya no quiero ser como era, que me perdone que esta vez sí es en serio, que doy gracias que me trajo a este lado de la frontera, que me perdone por no entenderle, por no hacerle caso".*

Realmente que son dos historias que iniciaron con un mismo sueño y que terminaron con diferentes finales. Cada uno escogió el camino a seguir en una tierra que les brindaba las mismas oportunidades, uno influenciado por el mal ejemplo de los amigos delincuentes que había escogido y el otro por el buen ejemplo del trabajo honrado de sus amigos trabajadores. Los resultados son totalmente opuestos, uno en la cima del éxito con una gran empresa triunfadora y ampliándose, y el otro en una prisión para pasar encerrado el resto de su vida.

Si a uno le atraen los placeres y dulzores de la vida ociosa y parrandera, entonces va a buscar las discotecas, los bares, las pistas de baile, las salas de juego. Si a otro le atraen los deseos de aprender algo nuevo, superarse cada día entonces esa persona va a buscar las escuelas, los centros vocacionales, las universidades, le va a gustar leer libros, visitar las librerías, a escuchar lecturas, siempre va a tratar de mejorar su educación.

Lo mismo sucede con todos, hombres y mujeres, de acuerdo y según sus deseos, sus ideales, siempre se van a mover hacia las cosas donde ellas han puesto su corazón. Dejándose llevar por sus debilidades o por sus fortalezas ellas van a ser empujadas en la dirección de sus pensamientos, independiente de que sean buenos o malos.

Si visualizamos algo bueno para nosotros, eso se puede quedar atrapado en el deseo, que este a su vez puede generar pensamientos positivos que actúan como un campo magnético que atrae lo deseado. Ese magnetismo mental solo puede atraer cosas similares a sus pensamientos, por tal razón es importante armonizar esos pensamientos con ideales buenos, sanos y loables, por tal razón es de vital importancia alimentar nuestra mente con buenos pensamientos, con buenos deseos, con buenas aspiraciones. En cambio si nosotros le inyectamos a nuestra mente y a nuestro corazón odio, celos, envidia, revancha, claro que vamos a ser testigos que en poco tiempo vamos a desmagnetizar las buenas cosas y en su lugar vamos a comenzar a traer las malas cosas. Es la decisión de cada uno sobre qué cosas quieres que fluyan hacia uno, pero la mente siempre es un imán que atrae o repele las buenas cosas, todo va a estar en dependencia de que tipo o qué clase de pensamientos son los que están predominando en nuestra mente.

En pocas palabras cualquier cosa que este en nuestra mente en este momento es lo que usted está invitando a que llegue a usted. Sus sospechas atraen sospechas, sus celos atraen más celos, odio más odio, rencor más rencor, y totalmente opuesto a esos pensamientos negativos, el amor atrae más amor, amistad atrae más amistad, simpatía y buena voluntad atrae lo mismo para usted.

La historia de Oscar y Luis nos demuestra cómo cada uno de nosotros va forjando su destino, como nos abrimos paso hacia la cima o nos vamos derecho al fondo del precipicio, solo con una actitud mental positiva somos capaces de ver el camino que llevamos, somos los únicos responsables de nuestro destino y de los frutos que cosechamos. Las malas amistades te pueden conducir al fracaso, te pueden llevar a la quiebra, te pueden jugar una mala pasada. Que viva en nuestros corazones el ejemplo admirable de Luis, un inmigrante que salió de la pobreza y construyo su futuro a base de sudor y sacrificio, con puro esfuerzo y trabajo honrado.

Solo el que no emprende, el que no se arriesga, el que no intenta es el único que no se equivoca, pero si no tratamos, nunca vamos a saber si realmente se podía o no. Cuando aparecen las cosas que nos obstaculizan el paso, que no nos dejan avanzar podemos pensar que hasta ahí nomás llegamos, que ya no se puede avanzar. Pero habrá otros que pueden ver una solución, que pueden percibir algo que les haga pensar que puede haber un camino diferente para llegar al otro lado. Y es allí cuando surgen varias alternativas, y muchos probaran de una u otra forma para resolver el problema, para llegar al otro lado, pero los que se sientan solamente a observar, a criticar, nunca tendrán la satisfacción de que lo intentaron, su espíritu no le permite a más.

Así que recuerde que el éxito y el fracaso son dos caras de una misma moneda y que no se puede alcanzar el éxito sin haber pasado por la experiencia del fracaso, solamente así a base de prueba y error es que se puede alcanzar la maestría, solamente a base de sudor y lágrimas es que se perfeccionan las cosas, así es como los atletas conquistan trofeos, así es como se construye el mundo.

24.- Enfocarnos para no perder la perspectiva.

¿Cómo crees estar el día de hoy? ¿Qué opinas, estas bien?, aunque no parezca o no lo aceptemos, relativamente puede que estemos bien, mejor que ayer, pero eso va a estar en dependencia de la perspectiva que tengamos de la vida. Si consideramos que la vida vale la pena vivirla, que es una promesa de luz para el ser humano, que es lo máximo que si queremos alcanzar su plenitud, entonces tenemos el norte correcto. Pero si hemos perdido esa perspectiva, no está en nuestro horizonte, no la vemos por ningún lado, entonces somos propensos a caer en el vacío, en el desánimo y la desesperanza. Solo aquellos que se dejan arrastrar por emociones negativas, por pensamientos derrotistas son los que poco a poco van siendo llevados hacia estados depresivos, perdiéndose la oportunidad de apreciar lo lindo que es la vida, lo maravilloso que es amar, lo excelente que es estar satisfecho con el resultado del esfuerzo del trabajo y de poder apreciar la tierna sonrisa de un niño, la calidez de una mano amiga, una palmadita al hombro de un amigo o el abrazo de un ser querido, pero triste es estar sumergido en el oscuro mundo del desaliento, lleno de amargura y llanto, sintiendo rabia por la vida, renegando porque la divinidad ha sido injusta con uno y que a nuestro parecer a otros les ha dado abundancia a manos llenas, mientras que a uno, solo palo y castigo, hambre y miseria, llanto y dolor, a veces creemos que es justo ser resentido contra todo ser viviente y descargar la ira para hacer el mayor daño posible a cualquiera que se atraviese en nuestro camino.

Debemos siempre apuntar al norte como las brújulas que siempre se enrumban hacia el norte magnético, así nosotros debemos de tener claro nuestro norte en la vida, que es lo que queremos de la vida, cual es nuestro propósito en la vida. En la medida que resolvamos ese paradigma existencial, en esa medida se nos va a hacer más fácil enfocarnos en los verdaderos valores para no perder la perspectiva de la vida.

Tal vez pueda ser algo tan trivial, tan elemental pero muchos todavía no logran esclarecer ese pequeño punto existencial, de que cosa es lo que deseo y quiero para mi vida, que hago en esta vida, quien soy yo y hacia donde me dirijo, que debo de hacer para estar claro de que es lo que quiero. Como hago para luchar contra todas las adversidades que me tienen en la miseria y pobreza y que parecieran no tener una solución. Como seguir adelante cuando no hay fuerzas y se ven todas las puertas cerradas sin una salida. Es duro estar en esos momentos de oscuridad, de tormento y desvalido, sin fuerzas y sin amigos, es muy duro. Pero recuerda que siempre hay un rayo de esperanza, recuerda que eres parte del universo y este estará velando por ti, recuerda que hay un creador que es justo, sabio y lleno de amor y no te va a desamparar nunca, conoce de tu sufrimiento y dolor, sabe lo que necesitas y no dudara en darte lo que le pidas, solo eso, pide lo que necesitas, pide y di que es lo que quieres que a nadie ha defraudado y así como tu hay millones en el mundo y todos son escuchados y obtienen respuestas a sus peticiones.

Recuerda que hay que enfocarse como cuando regulas los lentes binoculares para ver a la distancia que inicialmente se presenta la imagen borrosa y luego con el regulador que está justo en tu mano comienzas el acercamiento y alejamiento hasta que la imagen se va volviendo más nítida y puedes ver los detalles con detenimiento sin esfuerzo de la vista. Pero si el enfoque lo dirigimos hacia otro lado y no en la dirección precisa no vamos a ver lo que andamos buscando sino más bien vamos a distraer la atención hacia otros rumbos hacia otras cosas. Por ello cuando hablamos de enfocarnos nos referimos a ajustar los prismáticos en la dirección correcta, hacia el objetivo deseado y no distraernos en otras cosas que nos alejen de nuestro objetivo.

Todo aquello que nos aleja de nuestro objetivo, que nos distrae la atención debe de ser alejando de nuestra mente, de nuestros deseos y de nuestro proceder, porque de lo contrario vamos a ser presas de fuerzas incoherentes que simplemente nos van a enredar en muchas cosas que nos van a complicar la vida en vez de simplificarla.

Una vez un amigo me dijo: - Para que me das consejos si a mí no me interesa lo que la gente piensa, además, esta es mi vida y yo hago lo que quiera con ella.-
Yo le respondí que no era mi intensión dar consejos, que estos no son consejos sino simplemente una plática entre amigos, que así como oímos una música que nos deleita con su melodía, así también es bueno oír platicas que nos deleitan con sus conceptos, alusiones, puntos de vista y reflexiones, nadie es tan sabio como para saberlo todo, ni nadie tan rico como para no compartir unas palabras, una compañía, una sonrisa y así que en un corazón vacío no alcanza nada, solo incertidumbre y soledad, un corazón duro se asemeja a un campo fúnebre desierto, árido y sin vida con restos de huesos estériles y secos por todos lados.

La realidad es que en la vida estamos rodeados de gente cínica que lo único que hace es desacreditar los logros de otros porque simplemente no creen que otros puedan alcanzar lo que ellos nunca han logrado y saben que no lo podrán hacer. Es más fácil criticar, desaprobar y desprestigiar lo que no hemos construido, lo que no hemos hecho y por lo tanto no es de extrañarse lo que este amigo me dijo, no es su culpa, simplemente no ha logrado ver más allá de sus propias narices y eso es una calamidad.

Muchas veces la familia es la que más crítica, desanima y reprueba, es en el seno de los que nos rodean donde obtenemos más críticas negativas de que esto o aquello no se puede, que no lo intentes y que no lo lograrás. Por lo tanto, no solo hay que luchar contra uno mismo, sino que hay que estar preparado para esperar el golpe de donde menos lo imaginamos.

No por eso debemos de bajar la guardia y desalentarnos, no por eso debemos de dejar de soñar y hacer lo que consideramos correcto, lo que nos gusta y nos atrae, lo que nos realiza y engrandece, porque el camino de los triunfadores está lleno de obstáculos y solo el que logra superarlos es el que llega a la meta victorioso.

La meta es buscar nuestro norte, saber con certeza hacia donde nos dirigimos, trazar la ruta y comenzar a enfocarnos en lo que de verdad debemos hacer para de esa manera no perder la perspectiva.

25.- **Solidaridad ante el dolor ajeno.**

Hay muchos que caen en la debilidad de pensar que el deleitarse con el dolor ajeno es la recompensa por haber sido privado de tantas cosas y sin culpa alguna condenado a esta vida de sufrimiento, desprecio y dolor, entonces pensamos que no es justo ser solo yo el que pague esas consecuencias, y mi mayor venganza es hacer que otros sufran igual o más que yo.

Esa es la voz del que ha dado cabida en su corazón al odio, el egoísmo, la envidia y el resentimiento, todo eso está en la semilla del mal que hemos plantado en nuestra mente, a través de nuestros pensamientos haciendo que germinen y nos transformen en seres de maldad.   ¿Que ganamos con eso?, nada, más que atraer hacia nosotros la indisposición del mundo, lo negativo y momentos desagradables que nos amargan más y más nuestra existencia, no encontrando más salida que responder de forma negativa y nociva contra todo aquello que consideramos nuestro enemigo, ya sean así nuestros amigos, nuestra familia y todo aquello que represente según nosotros la sombra del infortunio que nos ha invadido. La respuesta correcta es la solidaridad ante el dolor de los demás.

En la medida que le demos cabida en nuestro corazón a la compasión, en esa medida vamos a ir sanando nuestro corazón, el terreno árido y estéril se va a ir poblando de verdor para transformarse en un remanso de tranquilidad, paz y felicidad. La compasión es la comprensión profunda del sufrimiento de otra persona que nos induce a actuar para tratar de aliviar ese dolor o padecimiento, no solo es empatía, es algo más noble que despierta todas nuestras fuerzas internas para encausarlas a la acción, nos sensibiliza con el padecimiento ajeno, nos enaltece cuando obramos a favor y nos hace más humanos. En esa medida, vamos a ir logrando una evolución interna, una sanación de nuestras heridas y vamos a comprender a plenitud el poder del perdón.

La naturaleza es perfecta armonía y para estar en sintonía con el universo debemos de abrir ese canal de comunicación, esa sensibilidad hacia todo lo que nos rodea, desde los más pequeños seres del planeta hasta los seres humanos que lo pueblan. Todo lo que pasa en el mundo nos repercute, todo está en armonía y todo lo que hacemos tiene su incidencia en el más lejano confín, así que no en vano movemos un dedo, ni tampoco un pensamiento.

Pareciera utópico pensar que si este mundo fuera bueno, todos seriamos buenos y a la inversa que si el mundo es malo es porque todos somos malos. Pero la verdad es esa que si todos fuéramos buenos, si no existiera la maldad en nuestros corazones este mundo sería mejor. Y muchos caemos en la indiferencia al pensar que no podemos hacer cada, que el mundo está lleno de millones de gente como nosotros y no se hace nada, que para que actuar. Pues ahí está la equivocación, cada uno de nosotros puede contribuir a poner su granito de arena para que este mundo sea mejor y una de las formas para hacer esto es conociéndonos mejor, identificando que debilidades y fortalezas tenemos, cuales son nuestros dones y talentos, que cosa tengo que pueda poner al servicio de los demás, que contribución puedo hacer para que las futuras generaciones tengan mejores oportunidades y vivan en un mundo mejor.

26.- Resumen

Recuerdo que una vez después de regresar del colegio fui corriendo donde se encontraba mi madre, yo iba ofuscado iracundo porque no había obtenido buenas notas en las calificaciones y no aceptaba los resultados de los exámenes, pensaba que el profesor había sido injusto conmigo y que había favorecido a otros que según yo dominaban en menor grado la asignatura.

Le dije a mi madre que había tenido un mal dia y que estaba molesto con mi profesor porque no aceptaba la nota que me había puesto, de ninguna forma yo aceptaba esos resultados y por eso le decía que estaba molesto y si por mi parte fuera no regresaría más a ese colegio.

Mi madre me vio, dejo de hacer lo que estaba haciendo, se sentó un momento y me escucho detenidamente, luego cuando yo termine de hablar, que de la cólera no podía siquiera pronunciar palabras, me dijo: - hijo no tomes las cosas de forma personal, alguna razón habrá para que tu profesor te calificara de esa forma, no juzgues de antemano las intenciones de tu profesor ni de nadie sin antes conocer bien a esa persona, muchas veces estamos tan ciegos que no reconocemos nuestros errores y menos que otro nos lo señale. Tienes que tener en cuenta que tú vas a pasar esa clase por tus propios méritos y no por las notas de los demás, lo que cuenta es lo que tú haces y cuáles son tus resultados, no te fijes en los resultados de los demás ni saques conclusiones por los resultados de otros. Así que no ha pasado nada, esto no es un desastre, no es un terremoto, es solo una asignatura que así como tú, la cursan miles y la han cursado miles en todo el mundo.

Después de esas maravillosas palabras de mi madre, me sentí diferente, me vi como un tonto sobredimensionando lo que me acababa de ocurrir, por las razones que fueran algo trabaje mal y no obtuve los resultados que esperaba, por eso debía de prepararme con más ahínco para un nuevo examen y no atenerme a nada, muchas veces en la vida cotidiana también nos comportamos como cuando niño, cuando no obtenemos los resultados que esperábamos.

Independiente de la condición en que nos encontremos o que el infortunio se haya ensañado en nosotros, siempre pensemos que estamos bien, que eso es pasajero y que nuevamente vamos a hacer otro intento para superar esa situación, no demos por hecho que ese estado lamentable es permanente, simplemente es un estado pasajero, e independiente de lo maltratado que estemos, pensemos que estamos bien, que pudieran haber sido peores los resultados.

Esa actitud hacia las adversidades nos va a dar la pauta a seguir, nos va a ayudar a sacar fuerzas de flaqueza y nos impulsara a levantarnos para continuar adelante.

Hay una frase que repetía de niño que más o menos dice así: *"Querer es poder"*, es hasta cuando ya adulto que logre entender bien su significado y es que el deseo profundo ardiente se convierte en convicción, se transforma en meta y compromiso hasta que alcanzamos lo que queremos. Pareciera algo tan sencillo pero que encierra un concepto trascendental y su práctica supone una evolución muy grande en el devenir del individuo.

Pensemos que tenemos la fortuna en la palma de nuestra mano, así que estas bien, lo tienes todo, todo lo tienes a la mano y solo basta con pedirlo, con quererlo, con trabajarlo y desearlo, como por arte de magia las cosas se cumplen y los milagros suceden todos los días y a cada minuto, hay milagros en la naturaleza, en tu trabajo, en tu casa, en tu familia, pero a veces no los vemos, no tenemos el entendimiento para ver, y cuando logremos esa grandeza habremos escalado la montaña correcta, la cima de la sabiduría para vivir una gran vida que puede estar a nuestro alcance en esta tierra, en la palma de la mano.

Perdemos cuando nos aferramos a victorias pasadas, creemos que las cosas no pueden cambiar nunca, pero no es así, todo está en continuo movimiento, desde la materia que está formada por átomos y en ellos los electrones están en continua actividad moviéndose a una velocidad increíble, todo se mueve, la vida misma es movimiento, el universo se mueve, se mueven los planetas, las galaxias, todo se mueve y al estar en continuo movimiento significa que nada queda igual, que todo pasa a una condición diferente, a un nuevo lugar en el espacio y el tiempo.

En la vida no hay éxito ni fracaso, ya se ha dicho hace siglos atrás que todo es la apreciación que se tenga de la comparación de un estado con otro, un antes y un después y de esa apreciación que se tiene, muchos juzgamos de si hemos sido exitosos o fracasados, pero para mí no hay un blanco y un negro, sino solamente una oportunidad para aprender, para no volver a cometer los errores y para emprender la tarea con una nueva experiencia y mayores oportunidades para lograr mis objetivos.

El perfeccionamiento en base a la prueba y error ese es el camino correcto en la vida, desde que comenzamos a dar los primeros pasos, los niños con cada caída van mejorando el proceso de aprender a caminar, así también se aprende a andar en bicicleta, cayéndose y aguantando unos cuantos golpes hasta que logramos adquirir la habilidad necesaria para desplazarnos sin caernos.

Todo en la vida es prueba y error, pero nosotros los seres humanos nos aturdimos queriendo demostrar en las escuelas que todo se puede hacer a la perfección desde la primera vez, que los mejores son los que no reprueban los exámenes, que los mejores solo son los que no se equivocan, pero los equivocados son ellos, porque así no se llega a ningún lado, más bien convertimos las escuelas en una fábricas de seres frustrados, de egresados que se estresan continuamente al no estar a la altura de las expectativas inculcadas por los maestros actuales.

TERCERA PARTE

Capítulo V

EL TESORO INTERIOR

27.- Cada uno de nosotros es un ser especial.

Solo cuando aceptamos nuestra condición, nuestra realidad sin renegar, y nos sentimos satisfechos con lo que tenemos, con lo que hemos logrado con nuestro propio esfuerzo y damos gracias a la vida por lo que nos ha dado, pues es en ese momento que estamos alcanzando la madurez emocional que nos da el equilibrio de ver las cosas sin remordimiento, sin sentimientos de culpa, sino por el contrario nos llena de orgullo por los logros alcanzados, aunque sean mínimos en comparación a lo que otros han realizados.

Pero nosotros debemos de sentirnos orgullosos de haber conquistado esa presea, porque la proeza no está en función ni de las oportunidades, ni de las riquezas o estatus social, sino del esfuerzo que hemos hecho de acuerdo a nuestras capacidades, a como dijo el escritor latinoamericano Eduardo Galeano –

"prefiero equivocarme por algunas palabras que escribí a no equivocarme y no escribir nada". Eduardo Galeano

Las oportunidades que se nos han dado y el aprovechamiento oportuno de las mismas, acompañado de un arduo trabajo de preparación que solo se consigue con ahínco y dedicación es el camino hacia el éxito.

A como dice el refrán popular, *"entre más duro trabajo, más afortunado soy, más suerte tengo"*, es evidente, porque en la medida que nos dedicamos con alma y corazón a lo que estamos haciendo, en consonancia con nuestros talentos, pues en esa medida se nos van abriendo las puertas y vamos pasando a otros niveles inesperados, desconocidos,   pero si acorde para la experiencia que hemos adquirido.

Tenga por seguro que usted es un ser especial, único y como usted no hay dos en el mundo, nuestros genes lo confirman que somos únicos y dos personas no pueden tener genes iguales, así como las huellas digitales no hay dos iguales en ninguna parte del planeta. Y piénselo bien que somos millones de seres humanos en el orbe terráqueo y no hay dos seres iguales. No vamos a entrar en discusión con relación a los gemelos que aunque usted no lo crea no poseen las mismas huellas digitales, y las pruebas de ADN a la fecha no son concluyentes, la tecnología por el momento tiene su lado flaco.

Los talentos vienen innatos en el ser humano, todos tenemos talentos que pueden permanecer ocultos por un tiempo hasta que los descubrimos y los aprovechamos, pero sí, todos venimos a este mundo con nuestros propios talentos, unos para la escritura, otros para el teatro, otros para la ciencia, otros para los negocios, otros para el arte la música, la poesía, otros para la docencia, las relaciones humanas, las habilidades manuales, todos tenemos talentos que Dios nos ha dado y si alguien dice que no los tiene, pues no se ha tomado la molestia para descubrirlos, para despertarlos, para ponerlos al servicio de la humanidad.

Esto me recuerda la leyenda del Rey Arturo y los caballeros de la mesa redonda, un relato con muchas moralejas y valores, que viene al caso. Cuenta la leyenda que después de morir el rey, el reino cayó en una anarquía que nadie podía controlar, se decía que solo un milagro podía salvar al reino, que solo un gran líder podría traer y restablecer el orden deseado, pero la gran incógnita era como podían escoger a ese nuevo líder si el rey que falleció no dejo un sucesor. Ahora quien podría juzgar y encontrar al candidato ideal, las instituciones estaban viciadas, la desconfianza y las rivalidades estaban a la orden del día, parecía que nadie podría llenar ese vacío. Y como que los ruegos fueron escuchados por la Divinidad que de la noche a la mañana se resolvió el dilema de cómo se podía hacer para escoger al nuevo Rey.

En el cementerio del pueblo que estaba junto a la Iglesia apareció una inmensa roca con una espada incrustada y se dijo que el que lograra sacar la espada de la roca, ese sería el nuevo Rey. Vinieron muchos contendientes, muchos hombres que querían demostrar su fortaleza física, hombres fornidos, musculosos, atletas, todos unos titanes, pero ninguno, absolutamente ninguno logró sacar la espada a pesar de los muchos intentos y de la fuerza aplicada, la espada se encontraba firmemente incrustada en la roca y no cedía ni un milímetro.

Así pasaron más de diez años, aunque cada año durante las fiestas del reinado siempre se realizaban competencias para intentar sacar la espada porque según la tradición el que lograra sacarla de donde se encontraba iba a ser coronado Rey.

Hasta que un día por casualidad de la vida o por capricho del destino apareció un joven de quince años de edad, de contextura juvenil, delgado y sin presumir de tener fuerza, con la sencillez más grande del mundo se acercó donde se encontraba la espada, la agarro con su mano por la empuñadura, pensando que esa espada le podría servir a su hermano que había olvidado la suya para participar en las competencias entre caballeros.

Sin ningún esfuerzo la espada se deslizo de dentro de la roca y salió como si estuviera clavada en un bloque de mantequilla, salió sin resistencia alguna, la levanto con su mano, y con la mayor inocencia del mundo se la llevo a su hermano para ver si con ella ahora podía participar en la contienda entre caballeros.

Este al ver la espada, la reconoció y le interrogo de donde la había tomado. El joven que se llamaba Arturo, le mostro de donde la había tomado y la coloco nuevamente en el mismo sitio.

Al ver esto su hermano intento sacarla pero no lo logro, luego su padre trato de sacarla, pero no pudo y cuantas veces hicieron el intento no pudieron sacar la espada del lugar donde la había devuelto el joven Arturo, pero las veces que el joven intentaba siempre la espada salía con una gran facilidad.

Fue así como después hizo esa demostración ya ante el público que lo contemplo con los ojos atónicos y la boca abierta de la sorpresa y admiración, no salían de su asombro, era un milagro hecho realidad, porque nadie había podido hacer semejante hazaña, era una proeza nunca vista, habían pasados muchos años los hombres intentando sacar la espada de la roca y no habían podido hacer nada.

La leyenda dice que el joven fue coronado Rey que vivió muchos años y gobernó sabiamente a su pueblo.   Es una leyenda muy conocida que la mayoría la habrá leído en la obra *"Los hechos del rey Arturo y sus nobles caballeros"* del escritor John Steinback.

28.- La magia de los talentos

En esa obra se refleja la magia de los talentos, el que nace con un talento para algo, pues no se le dificulta para nada determinada habilidad, todos sabemos de gente que con solo escuchar una melodía la pueden interpretar solo de oídas y con la misma fidelidad que la música original.

Hay quienes tienen la capacidad de realizar múltiples y complicadas operaciones matemáticas solo con la mente sin la ayuda de ninguna calculadora o computadora, hay quienes memorizan gran cantidad de información con solo verla una sola vez y la dicen después sin ver el texto sin cometer ningún error.

Otros hasta se han memorizado una guía telefónica, con sus teléfonos y direcciones, etc.   Podemos mencionar muchos casos como por ejemplo Mozart que a la edad de tres años ya podía tocar el piano, Beethoven que compuso e interpreto asombrosas melodías siendo sordo.

Como se puede explicar todo eso, pues sencillamente es el llamado de la naturaleza, es el genio que llevamos dentro que se manifiesta en toda su expresión sin presión alguna, sin esfuerzo, brota como un manantial libre y espontáneo asombrando al mundo.

Así todos tenemos un don de la naturaleza, nacemos con nuestros talentos y podemos desarrollarlos, pulirlos como el diamante que se encuentra en las profundidades de la tierra, que a pesar de ser amorfo y encontrarse en la mugre, es diamante y una vez pulido simplemente es más hermoso a los ojos de los hombres pero sigue siendo diamante.

Muchas veces necesitamos escuchar el rugido de la naturaleza para despertar nuestro talento, para descubrir nuestra esencia, para descubrir quiénes somos y así no andar más en el mundo de la oscuridad sin saber dónde estamos, a donde vamos y de dónde venimos. Todos alguna vez nos hemos preguntado que tipo de talento nos es innato, como puedo saber que talentos tengo, como logro despertar mis talentos.

Hay una fábula de un león que estando cachorrito se alejó de su mama mientras ella dormía y anduvo un buen rato jugando en la selva sin saber que se estaba alejando de su casa hasta que se vio perdido y cuando quiso regresar ya no pudo y por más que busco no logro encontrar el camino de regreso y se perdió.

Una manada de siervos lo encontró solo y llorando, ellos le temieron cuando lo vieron y se alejaron pero él en su instinto de preservación los siguió pidiéndoles ayuda, a lo que la mama cierva se compadeció y le adopto como hijo suyo. Así el león se crio en el rebaño junto con los ciervos, creció y adopto todas sus costumbres, jugaba con ellos y así creció, considerándose él un ciervo más del rebaño.

Hasta que un día, una mañana que estaba saliendo el sol, despertando a la jungla, se oyó el rugido de un león que andaba merodeando por el lugar, ese rugido despertó al joven león que inmediatamente se irguió, paró las orejas y abrió grandemente los ojos para estar atento de donde había venido ese rugido, cuando lo escuchó nuevamente, él instintivamente respondió con un rugido similar, cosa que nunca antes había hecho, nunca antes había rugido como un león, hasta ese momento. Salió corriendo y se adentró en la selva para reunirse con los de su manada.

Así a muchos de nosotros nos sucede, que hasta que algo nos toca en lo más profundo de nuestro ser es que nos damos cuenta de que algo nuevo se despierta en nosotros poniendo de manifiesto la esencia de qué estamos hechos, son los genes que determinan nuestra naturaleza y que por alguna razón, nuestra esencia se encontraba dormida, hasta que algo despierta en lo más profundo de nuestro ser y se manifiesta.

El talento se puede manifestar de miles de formas inesperadas las cuales nosotros por lo general no le prestamos atención pero siempre es en la dirección hacia donde tenemos más desarrollado los sentidos, por ejemplo la vista, el oído, el tacto, el gusto, el timbre de voz, etc. Otros pueden ser la fuerza, el sentido organizativo, el liderazgo, la concentración, la capacidad de visualizar el futuro, la capacidad de diferenciar los sonidos, la facilidad para hablar otros idiomas, la resistencia física, la estatura, la velocidad. Siempre habrá algo que hace la diferencia y eso puede ser lo que determine los resultados que pueden ser tan inesperados, como los miles de casos sorprendentes que hay en la vida y que también conocemos.

Por ejemplo usted conoce al cantante Julio Iglesias que durante décadas nos ha deleitado con su vóz romántica y sus canciones que han marcado épocas. Pero esa fama que ahora conocemos tuvo sus inicios de una forma inesperada para él. En su juventud Julio Iglesias soñaba con ser jugador de futbol profesional e invirtió bastante tiempo entrenando y jugando con equipos de renombre, al mismo tiempo que estudiaba derecho en la universidad. A los veinte años el destino le jugó una mala pasada porque sufrió un accidente de tránsito que lo dejo imposibilitado de moverse durante largo tiempo, más o menos año y medio. Sus sueños de ser futbolista profesional se fueron al trasto y el reto más bien se transformó en cómo recuperar nuevamente la movilidad. Uno en esos momentos cae en una etapa de desaliento, desanimo, siente que se acaba el mundo que ya no hay razón para seguir adelante.

El enfermero que lo estaba cuidando en el hospital se sintió tan conmovido que le regalo una guitarra para que levantara su estado de ánimo, que se entretuviera en otras cosas y una guitarra lo mantendría ocupado y alejado de los malos pensamientos. Nunca pensó que llegaría a ser cantante, ese tiempo que paso en el hospital convaleciendo lo transformo para siempre, su melancolía se transformó en poemas y canciones sobre la vida y el destino, con el tiempo perfecciono su estilo y broto el interés por la música y poder cantar sus propias canciones. El 17 de Julio de 1968 gano el Festival de Benidorm con la canción La vida sigue igual. Ya lo demás es historia y el un cantante muy famoso de reconocida trayectoria.

Así que tus talentos están ahí y son los que te fueron otorgados, no te obsesiones en querer descubrir lo que no te ha sido dado porque lo que se ha dado va a salir y brotar en cualquier momento, o a lo mejor ya lo tienes en práctica. No todos hemos sido dotados con súper capacidades que nos hagan sobresalir por encima de los demás, que nos hagan brillar como las estrellas del firmamento porque pocos son los escogidos.

Hay que estar claros que una de tus fortalezas son tus talentos y debes de contar con ello, eso te dará la seguridad necesaria y lograras lo que te has propuesto en la vida, pero deja que sea el publico el que te aclame y no te frustres cuando no te llama.

29.-   La importancia de saber qué es lo que queremos.

¿Qué es lo que verdaderamente le da sentido a la vida?, muchos andamos por el mundo deambulando sin rumbo cierto, sin un propósito, sin una clara definición de qué es lo que queremos. Por esa razón el mundo es como es y encontramos de todo, es infierno y paraíso a la vez, es el jardín del Edén para aquellos que han encontrado la sabiduría de vivir una vida plena de amor y entrega hacia los demás, porque dando es como se recibe y amando es como se ennoblece nuestra alma, no hay mayor satisfacción que la plena libertad de espíritu que se logra cuando se ha renunciado a todo lo material que te aprisiona y oprime.

Cuando te liberas de todas las ataduras físicas, mentales y emocionales, cuando has perdido los miedos, ya nada más te asusta, ya nada más te puede detener. Pero para llegar a ese estadio hay que haber vencido el sufrimiento, el dolor , la desesperanza, las derrotas, las pérdidas de seres queridos, las adversidades, el infortunio y aun así con el último aliento, con apenas una pizca de esperanza, con las últimas fuerzas subir por la colina de los vencedores, erguirse ante el altar de la victoria y ser como la mariposa que después de ser larva y un insignificante gusano, se transforma en una majestuosa obra de arte de la naturaleza para convertirse en un ser de radiantes colores llena de exuberante belleza.

El dolor que experimentamos a veces nos parece insoportable, aunque este dolor puede ser por alguna enfermedad o algún padecimiento físico, pero también puede ser emocional, del alma que puede estar vinculado a algún cuadro psicológico, pero independiente de la naturaleza del padecimiento, dolor es dolor y puede ser uno más grande que otro, todo en la medida de nuestra percepción del hecho y la experiencia que estamos viviendo. Un niño cuando está aprendiendo a caminar en sus intentos inevitablemente que cae y se lastima sintiendo dolor, dolor mezclado con miedo, susto y sorpresa, una experiencia nueva que al descubrir que es pasajero se anima y lo intenta nuevamente, pero siendo menor la intensidad del dolor o la experiencia desarrollada hace que su habilidad para las caídas mejore amortiguando el impacto y sintiendo menos dolor.

Pues que cosa más sorprendente el descubrir que algo que no nos gusta, que le tememos, que rechazamos, nos acompaña desde que nacemos, pues cuando nacemos, nacemos con dolor, nuestras madres nos han parido con dolor, siempre la mujer que va a dar a luz siente dolores que le avisan que ya se acerca la hora, el momento esperado de engendrar una nueva vida, de ser madre de una nueva criatura, que es el rompimiento de un ciclo natural para pasar a otro, es el nacimiento de una nueva vida que de ahora en adelante procurara valerse por si mismo pero bajo la vigilancia, el cuido, la atención y el amor de su madre.

Vinculo que nunca desaparece incluso cuando llegamos a la vejez y si alguno todavía tiene viva a su madre puede dar fe de que ese amor de madre hijo o hija no se pierde nunca, más bien evoluciona hacia nuevas formas de manifestarse, hacia más amor, al inicio se recibe de parte de la madre para luego ser retribuido por el hijo hacia sus padres y en una nueva etapa hacia sus hijos y hacia los hijos de los hijos.

Etapa a la cual todos estamos predeterminados, nadie se escapa de esa experiencia, aunque no queramos llegar a viejos y sentirnos inútiles, pues irremediablemente si Dios nos presta vida, vamos a llegar a esa hermoso momento del ocaso de nuestra juventud y el inicio de la tercera edad, hasta que morimos.

Solo el que ha experimentado el profundo dolor por la experiencia que le ha tocado vivir solo él puede dimensionar el verdadero valor de la alegría por vivir, solo el que ha experimentado el infortunio en la vida, sabe cuán valioso es un pedazo de pan, sabe cuán agradecido puede estar un hambriento al que se le ha dado un bocado de comida, o al que estuvo en la cárcel, sabe cuán valiosa es una visita de un amigo, un conocido, un familiar. Solo el dolor te da el temple para resistir los embates del infortunio y poder valorar lo maravilloso que es la vida.

Pero aquel que lo ha tenido todo en la vida, que sus padres siempre han tratado de protegerlo del dolor, y lo han llenado de atenciones y comodidades, pues ese, difícilmente puede estar preparado para cuando toque a su puerta el infortunio. Muchos hemos pasado por eso que de la noche a la mañana nos vemos sumergido en la más profunda desgracia, unas veces provocada por un cataclismo natural como un terremoto, un maremoto, un huracán, y otras por accidente, una guerra, un régimen militar, una dictadura, etc.

Pero cualquiera que haya sido la razón, independiente de si nos prepararon nuestros padres o no, debemos de tener el coraje y la fuerza necesarios para soportar ese estado de dolor, tener la madurez emocional y psíquica para poder resistir, tener la resiliencia necesaria para aguantar y persistir sin rendirnos, sin darnos por vencidos.

El dolor es un mal necesario porque sin él el ser humano perdería su compostura, por un lado se volvería temerario porque no le tendría miedo al dolor y no sufriría por la muerte, arriesgaría su vida hasta los límites extremos y ni cuenta se daría cuando su vida está llegando a su fin.

Por otro lado se volvería despiadado con sus semejantes porque la vida de los demás no valdría nada, no le importaría nada y por ello llegaría al extremo de creerse un Dios, tener la osadía de arrebatar la vida de los demás y ver insignificante la vida de las personas, de los pueblos y las naciones, no habría control alguno de las guerras y estas se volverían tan rutinarias que sería un modelo de vida, el hombre como guerrero y sin restricciones para la conquista y dominio de los demás, además que la sociedad celebraría este tipo de comportamiento, el botín y la guerra, el despojo y la muerte.

Por la vida he visto muchas escenas de sufrimiento y dolor, desgarradoras que no es lo mismo verlas en el cine que experimentarlas en carne propia, escenas de niños que quedan al lado del cuerpo inerte de sus padres y que después de varios días son encontrados todavía con vida.

Uno se pregunta qué suerte le tocara a ese niño que ha perdido a su padre o a su madre, ¿Por qué la vida ha sido tan injusta y cruel con esa inocente criatura? ¿Qué culpa ha tenido de venir a este mundo a sufrir?, por qué razón no desaparecen los que le está haciendo daño a este planeta, los que están ocasionando las guerras, los conflictos armados, el comercio de la droga, las dictaduras, la corrupción, etc.

Y así podemos ir enumerando miles de casos de injusticia, de sufrimiento y dolor, y cuando vemos a nuestro alrededor nos podemos dar cuenta que el dolor no se encuentra muy lejos de nosotros, o incluso tal vez está en primer plano en nuestra vida y no hallamos con superarlo o como aliviarlo.

A todos nos puede pasar, no estamos exentos de esas cosas que creemos que le pasan a todos menos a nosotros o lo que vemos en las noticias es cosas ajena a nuestra realidad hasta que llega el momento y nos toca, entonces que hacemos, resulta que no estamos preparados para el dolor y nos cuestionamos por qué a nosotros, porque nuestro Dios es injusto y nos causa dolor, porque en este momento en que todo estaba bien viene la trágica noticia y nos descomponemos en un mar de llanto, de ira y dolor, siempre recriminando a otros por la desgracia que nos ha acontecido.

Hasta donde el ser humano va a estar ciego o va a ser como el avestruz que esconde su cabeza cuando hay peligro, así nosotros nos refugiamos en nuestra propia ignorancia y lo primero que nos llega a la cabeza es no aceptar lo que nos está sucediendo, negarlo todo, y después de un cierto tiempo ratificar el dolor que tenemos martirizándonos con pensamientos cargados de puro dolor, y más dolor, hasta sencillamente preguntarnos por qué solo a mí me pasan estas cosas, nadie me quiere, soy desafortunado, soy desgraciado hasta buscar la propia autodestrucción por no querer reconocer la inmensa verdad.

30.- Por que las cosas no salen como quisiéramos.

En la vida nada sale como uno quisiera, porque la vida tiene su propio curso, su propia trayectoria y sus propias leyes, es como cuando se rompe una presa, el agua toma su curso por la ruta de menor resistencia, por la parte de mayor pendiente impulsada por la ley de la gravedad y demás condiciones que puedan impedir o ayudar a su desarrollo.

Usted nunca va a ver que el curso de un rio va en sentido contrario, el agua siempre va de un nivel más alto al más bajo si no tiene obstáculos en el camino, usted siempre vera salir el sol por las mañanas y ocultarse por la tarde, cuando se avecina una tormenta el sol se oculta y comienza a caer un torrencial aguacero, la tormenta será formada por las mismas leyes naturales que están relacionadas con las precipitaciones, las depresiones, los vientos, los cambios de temperatura, el movimiento de la tierra etc.

El hombre ha venido descubriendo las leyes físicas que nos rodean y en base a la observación de cientos de años hemos aprendido el comportamiento de ciertos fenómenos que en otros tiempos eran atribuidos a la voluntad de los dioses, ahora sabemos que los truenos y rayos son provocadas por las cargas eléctricas en las nubes que al interactuar con las partículas de polvo y moléculas de agua en el viento estas se cargan con determinada polaridad haciendo que se desprendan los rayos de forma descendente hacia la tierra produciendo los relámpagos e incendios en los bosques.

Pero por qué a los seres humanos no les sucede lo mismo que con solo desear algo se le pueda cumplir como por arte de magia, por qué razón a unos les va mal y a otros extraordinariamente bien, por qué razón unos son víctimas de los abusos y maltratos, víctimas de los ladrones, de las tribulaciones, victimas del desempleo, de las catástrofes, de las guerras, de las drogas, del crimen organizado, de la corrupción, de los vicios, etc.

Pongo en un mismo renglón todos los tipos de males que nos puedan acontecer, sean estos productos del azar o de nuestro propio proceder, sean estos los resultados de nuestros errores o de nuestras omisiones, pero siempre pagamos las consecuencias de lo que nos pueda pasar.

No hay una formula única para resolver las cosas de la vida pero si hay pautas a seguir, hay senderos que nos pueden conducir hacia parajes más tranquilos, hacia lugares más sosegados donde podemos descansar y reposar.

Nadie, absolutamente nadie tiene la fórmula para el éxito, así como también no hay una formula única, pero si se sabe que una de las claves para alcanzar el éxito está en la personalidad del individuo, en el carácter, en la convicción, en el coraje, en la confianza en sí mismo, en la fe y la esperanza. Además de que éxito es una palabra muy abstracta que puede tomar muchos significados, puede ser una cosa para unos y totalmente diferente para otros, puede ser el estar rodeado de fama o lleno de fortuna, puede ser estar con la persona amada o llegar a ser un escritor o actor famoso, puede ser el tener prestigio, puede ser haber descubierto una nueva ley física, puede ser haber conquistado los mercados europeos, puede ser haber aprendido a leer y escribir, etc.

Lo que para unos es verde, para otros es gris, así que el éxito la mayoría lo asociamos siempre al reconocimiento o la posesión de bienes materiales, pero la verdad es que en esta vida no hay éxito ni fracaso, sino como lo dice el gran escritor Alejandro Dumas en su obra El Conde Montecristo que, simplemente es la comparación de un estado con otro, o sea, lo que pueda significar para nosotros.

Por lo tanto, somos nosotros los que debemos de poner nuestros propios cánones de éxito y poder vivir de acuerdo a ellos para no frustrarnos asumiendo que somos fracasados de acuerdo a los parámetros de la mayoría, pero si lo vemos desde otra óptica, podemos ser unos exitosos de acuerdo a los logros obtenidos por nosotros mismo, por nuestro trabajo, esfuerzo y sacrificio hasta ese momento alcanzado.

31.-   El poseer y acumular cosas no es Éxito.

El tener cosas no debería de ser considerado como el éxito, el estar lleno de riqueza, posesiones materiales, bienes, carros, casas, o reconocimiento público, si por dentro nos sentimos vacíos, si a la hora de necesitar un amigo no tenemos a nadie con quien conversar, o sentirse verdaderamente apreciado de forma honesta y sincera.

Ya muchas personas han experimentado la triste realidad de que cuando están en problemas o han caído en desgracia, los que se consideraban sus amigos se han esfumado como por arte de magia, como que se los ha tragado la tierra y te dejan solo frente a todos los males, sin que una mano amiga te brinde un poco de consuelo, ayuda o un vaso de agua para calmar la sed.

A lo mejor, la decepción que nos llevamos es porque esperamos mucho de la vida, de las cosas que no podemos controlar ni predecir, hemos aprendido a creer que todo debería de salir y ser favorable para nosotros, queremos creer que las cosas van a salir como nosotros queremos y nos olvidamos de que existe el infortunio, que existen muchas fuerzas externas que reorientan las cosas hacia rumbos impredecibles.

Si nosotros pusiéramos en práctica ese precepto de que las cosas no son como quisiéramos, pero podemos trabajar arduamente para movernos en la dirección deseada y tratar de conseguir al menos algo parecido a lo que queremos, entonces si podemos apoderarnos de la energía necesaria para hacer que las cosas sucedan como nosotros quisiéramos pero con la certeza de que no serán exactamente igual pero si parecidas o mejores.

Creo que esto nos va a dar la convicción de que podemos y no caer en la desilusión de que las cosas no se pueden conseguir. Es una herramienta que debemos de aprender desde pequeños, debemos de educar a nuestros hijos en ese principio y así de esa forma los vamos a capacitar a que no se empeñen en conseguir algo que no lleva consigo el trabajo, el esfuerzo, la dedicación, el entusiasmo, el deseo y la disciplina.

Todos podemos lograr lo imposible, todos podemos alcanzar lo que nos proponemos con entusiasmo, deseo ferviente y resolución. Todos podemos transformar nuestra realidad con el poder de los pensamientos. La vida es maravillosa y sorprendente, nadie puede predecir a que lugares te va a llevar el destino o que cosas vas a encontrar en el camino. Acepta humildemente lo que te ha tocado, no reniegues de las cosas que estás viviendo y continua trabajando arduamente en tus planes, en tus metas y objetivos que tarde o temprano vas a conseguir lo deseado.

Muchas veces iniciamos algo con mucho entusiasmo, creemos que de un momento a otro las cosas van a salir como queremos y deseamos, pero a la vuelta de la esquina vemos que no es así, intentamos nuevamente una y otra vez y no obtenemos resultados, entonces nos desalentamos, nos desilusionamos, nos desanimamos y desistimos, ya no seguimos intentando porque consideramos que lo que nos propusimos es demasiado para nosotros.

Y comienzan a dominarnos los pensamientos negativos y a justificar de que eso no es para uno, de que no tienes las cualidades para esto o aquello, eso hace que dejemos a un lado lo que iniciamos con tanto entusiasmo, y nuestro lado negativo comienza a ganar terreno hasta que abandonamos y buscamos otro objetivo al cual le volvemos a entregar nuestra emoción y así vamos cambiando de una cosa a otra sin lograr absolutamente nada, las cosas se van aplazando, el tiempo pasa y como resultado no obtenemos nada, más que frustraciones.

Hay una canción popular que en uno de sus estribillos dice *"... yo no nací para amar, nadie nació para mi ..."* , creo que de forma parecida asumimos un pensamiento negativo como propio, como válido y nos saboteamos solos, nos desmoronamos, devaluamos, nos incapacitamos y no hacemos nada, en muchos casos eso se convierte en un impedimento crónico porque la negatividad hace que de ahora en adelante ya no emprendamos nada, porque siempre nos decimos que no podemos, de que eso no es para nosotros y que tenemos mala suerte, que nada nos sale bien.

Pues las cosas no son así, todos tenemos un talento innato, un poder interno inmenso, un gigante interior que está a la espera de que lo despierten, un león que es el rey de la selva pero que está prisionero entre las rejas de nuestros miedos y temores, en la incapacidad de darnos una oportunidad de soñar, de volar, de tocar la nota musical que va a abrir las puertas del éxito, de las oportunidades.

Si tu naciste para la música, pues lo vas a mostrar hasta por los poros, es como la vida del cantante Juan Gabriel que desde niño venía mostrando esa pasión para las composiciones musicales, a pesar de todos los obstáculos él siempre se vio triunfando en el futuro, su certeza lo mantuvo en la dirección correcta hasta que materializo sus sueños.

32.- Resumen

Recuerde que cada uno de nosotros es un ser especial, cada uno de nosotros ha librado una gran batalla para poder nacer con cualidades únicas que nadie más tiene, solo usted las tiene y la naturaleza lo sabe, pero que más quiere saber que le confirme que usted es especial, que usted es único, no necesita conocer más para saber que el mundo de oportunidades le está esperando y al igual a como logro salir victorioso en esa lucha por nacer, así también va a salir victorioso en esa lucha por la vida.

Usted ha venido al mundo dotado de un gran arsenal de cualidades que son sus talentos innatos que están guardados dentro, es un tesoro interior que usted tiene y necesita descubrirlo para no privarse de los beneficios de una vida abundante llena de riquezas que se dispone a sus pies, es como entrar en un supermercado lleno de artículos en los estantes y en la medida que usted va descubriendo su tesoro interior, a usted se le van a ir abriendo nuevos pasillos llenos de oportunidades que solo usted va a decidir cuál tomar. Este mundo está lleno de abundancia, a pesar de que se presente todo turbulento, nebuloso y sombrío, pero solo los que tienen en sus manos la llave del éxito son a los que se les despejara el camino haciéndolo maravillosamente brillante, radiante y abundante.

Basta con saber que es lo queremos de la vida para orientar nuestra dirección, como una brújula que apunta siempre a su norte magnético, así también nuestra brújula de la vida va a apuntar hacia el norte deseado, hacia lo que queremos y buscamos, de esa forma todas nuestras células, neuronas y átomos sabrán en qué dirección trabajar, sabrán cual camino tomar y podrán identificar las oportunidades que usted necesita para alcanzar la meta deseada. Ese norte deseado, esa meta anhelada que al inicio surge como un sueño de un cuento de hadas, se posara ahí delante de ti como una estrella polar iluminándote siempre, mostrándote la ruta que hay que seguir, aunque tú no estés consciente de que eso es así, pero tu sueño ya ha marcado el rumbo, la estrella polar ya está en su cenit y no importa que camines o navegues de día o de noche, todas tus energías estarán orientadas en esa dirección.   Sera como programar un piloto automático para que después el solo te lleve durante la vida, pasando tal vez por muchos recovecos, pero siempre después de bordear las montañas y obstáculos siempre saldrás más adelante en la ruta programada.

No dudes de estas cosas, no le metas dudas a tu corazón, acepta que las cosas son así de sorprendentes, que la vida es así de maravillosa y vive en la magia del amor que es al final el que te va a llevar al lugar soñado. El amor es ese motor que te da la propulsión a seguir adelante, es el que mueve e impulsa la nave por entre las olas, el que vence las corrientes contrarias el que te hace ver más allá de la oscuridad, el que te despierta la fe, el que te renueva las energías y te hace alcanzar los más inhóspitos lugares, el que te impulsa a realizar las prodigiosas hazañas.

No te desgastes más pensando en por qué razón las cosas no salen como quisiéramos, no puede ser así, las cosas son como deben de ser, te guste o no te guste, las cosas están equilibradas y sintonizadas con el universo y no siempre adivinamos cuál es su frecuencia natural. Pero cuando logramos hacer coincidir nuestra frecuencia con la frecuencia de las cosas que ya están en el universo, entonces en ese momento lo hicimos, lo logramos, entramos en resonancia con el universo y es la llave para abrir la puerta hacia la bueno, hacia lo correcto, hacia la perfección.

Por tanto que es lo que nos queda, es seguir intentándolo, intentándolo una vez más, otra vez más, y así sucesivamente hasta que nos vamos sintonizando, hasta que logramos dar en el blanco.

Eso significa que vamos a hacer las cosas bien, no nos preocupemos por los bienes que podemos conseguir, eso es lo de menos, lo más importante es que hagamos las cosas bien. Y no solamente nuestras cosas, sino todo lo que está asociado con nuestro proceder, el servir a los demás y cumplir nuestro deber. El tener cosas va a venir después por añadidura en la medida que todo lo que hagamos lo hacemos bien, el tener será un reflejo de la ley de atracción que atraeremos todo lo que deseamos por medio de nuestras buenas acciones, de nuestros buenos servicios, de nuestro buen trabajo.

El acumular cosas, riquezas y demás bienes materiales no es sinónimo de Éxito, porque las cosas pueden ser obtenidas de forma oscura y dudosa, o de procedencia de ilícitos, así que no se nos suban los humos a la cabeza y querer mostrar algo que no tenemos o no es bien habido.

Hay que combatir el mito de que solo se puede alcanzar cosas robando o perteneciendo a una banda de mafiosos narcotraficantes, eso no es así, se puede salir adelante con el sudor de nuestra propia frente, con nuestro esfuerzo y con el trabajo honrado. Esto va a ser tema de conversación en otra oportunidad de cómo salir de la pobreza por la vía legal, justa y honesta.

Cuando niño me gustaba leer el cuento del patito feo, de cómo al nido de una mama pata llego a parar el huevo de un cisne, que cuando nació pensó que él era un patito igual a los demás del nido pero su aspecto físico lo delataba haciendo que todos los demás patitos se burlaran de él.   Y así creció siempre pensando que era un pato igual a los demás pero tal vez un poco diferente por su tamaño y aspecto pero a fin de cuantas un pato.   El bulling que le hacían los demás chicos lo hacía sentirse mal y no aguantaba las burlas, los chicos le llamaban patito feo, el dolor que sentía lo hizo tomar la decisión de irse y abandonar la manada, pero cuando estaba emprendiendo la retirada escucho la voz de auxilio de su mama que desesperada gritaba por auxilio, que uno de sus hijos estaba siendo arrastrado por la corriente del rio.

El patito feo sin pensarlo dos veces de un impulso alzo el vuelo sin antes haber volado porque no sabía que volaba, pero llego en el momento justo para rescatarlo de una muerte segura.   El patito feo se había convertido en un hermoso cisne blanco que mostro la naturaleza del cual estaba hecho en el momento preciso que las circunstancias se lo exigieron, broto de lo profundo de su ser su propia naturaleza, él era un precioso cisne blanco al cual todos admiraron y lo festejaron como héroe.

Así muchos de nosotros podemos estar confundidos de quien verdaderamente somos, que no sabemos cómo podemos descubrirnos a nosotros mismos y eso nos asusta, vivimos encerrados aislados del mundo por que le tememos, o estamos viviendo una vida la cual no queremos, que no es la que podría ser pero no sabemos cómo escapar de ella.   Muchos somos como ese patito feo que no sabe la naturaleza de su propio ser, hasta que es descubierto su propio tesoro interior, hasta que se pone de manifiesto y lo sacamos a flote, somos los únicos encargados de buscar hacia adentro, de desenterrar y sacarlo a la luz para poder disfrutar de ese tesoro que hemos heredado.

Algo valioso que debemos hacer es tratar de conocer y aprender de la vida de gente maravillosa a la cual admiramos, que gracias a sus logros y contribuciones que han hecho son ejemplos para las nuevas generaciones, así que no creamos que a nuestro alrededor no hay gente a quien admirar, porque si los hay, hay gente que respetamos por su ejemplo, por su sabiduría, por sus valores, por sus habilidades, por sus destrezas, por sus conquistas y porque gracias a sus dones se han convertido en ídolos de millones de personas.

Debemos de seguir la huella de los triunfadores que representan nuestro modelo a seguir, de esos a quienes queremos parecernos y que nos inspiran a seguir, que admiramos sus vidas. Debemos de buscar esos modelos a seguir que en la medida que conozcamos más de ellos en esa medida vamos a ser como ellos.

Capítulo VI

Siguiendo la huella de los triunfadores

Todos queremos dejar una huella en la vida que marque la diferencia queriendo demostrar del porque valió la pena haber vivido. Pero el tiempo se nos va y cuando nos percatamos hemos llegado al final de nuestra existencia sin haber logrado nuestro propósito y algunos sin haberse dado cuenta del porqué de la vida. Cada quien tiene derecho a vivir la vida que ha escogido vivir, todos somos dueños de nuestras vidas, a cada quien se le ha dado una vida para aprovecharla y vivirla según las leyes de la naturaleza con la excepción de que tenemos el poder de transformarla para bien o para mal.

Pero muchos no alcanzamos lo que queremos y no vivimos la vida que nos merecemos porque nos dejamos vencer por los miedos y temores, nos embarga una profunda agonía al pensar de que podemos fracasar, de que los cosas no son para mí y que mejor no me arriesgo, que mejor jugar a lo seguro. Pues bien todos somos dueños de nuestro propio destino pero si no nos arriesgamos nunca vamos a poder cambiar nuestra realidad que muchas veces puede no ser la mejor, o a veces la vivimos con dolor, entonces ¿porque no cambiar?

Ya sabemos por qué no alcanzamos lo que queremos, y eso se debe a todos los miedos y temores, muchas veces le tememos a lo desconocido, otras veces tememos a la crítica, a lo que nos puedan decir los demás o lo que piensan los demás de nosotros, nos da terror que nuestras amistades o compañeros de trabajo puedan pensar mal de nosotros.

33.- Los miedos

El miedo a la crítica hace que desarrollemos actitudes y comportamientos que marcan una pauta y es seguir el camino de lo que hacen los demás para no ser sujetos a las críticas, nos parece que estamos mal si no actuamos de acorde a lo que espera la gente.

Un ejemplo de esto es como seguimos la tendencia de las modas de forma espontánea, si todos están escuchando una música determinada, pues yo también me consigo mi equipo de sonido y la pongo a todo volumen para que todos vean que estoy a la moda escuchando la música que está en los primeros lugares de audiencia. Lo mismo pasa con la ropa, los zapatos, las prendas de vestir en general, las casas, los autos, etc. Perdemos el control de nosotros mismos y nos convertimos en masas de consumidores que estamos pendientes de la tendencia que están mandando los grandes fabricantes, los que tienen el domino del comercio, los que deciden la moda.

Si todos ponen árboles de navidad en sus casas, pues nosotros no nos quedamos atrás y ponemos nuestro árbol de navidad también, si el vecino compra carro nuevo, pues nosotros nos esforzamos para cambiar nuestro carro y conseguir uno del año también. Nos hemos acostumbrado al mundo de consumo, al Dios pagano del consumo el Black Friday que se vive el último viernes de Noviembre de cada año en los Estados Unidos y ahora se ha difundido por todo el mundo, hasta en Rusia se están implementando variantes del Black Friday.

La gente guardando las apariencias en el trabajo, en la casa, en el barrio, en la colonia, etc. Todo pura vanidad, uno de los pecados predilectos de la humanidad, pareciera que la orden del día es guardar apariencias, cuando no tenemos y por el otro extremo lucir lo que tenemos para demostrar que podemos y volver a lo mismo, todo pura vanidad.

Uno de los principales miedos, uno de los más devastadores es el miedo a ser pobre, el miedo a la pobreza material, miedo a la falta de dinero, miedo a perder las posesiones. Estamos tan preocupados por el dinero que vivimos en un miedo permanente casi llegando al pánico, por ello es que asumimos varios comportamientos, el de ser un consumidor compulsivo o el de ser un tacaño paranoico.

Siendo consumidores compulsivos queremos convencernos a nosotros mismos que tenemos dinero para gastar, que gastando mantenemos controlado el miedo a no tener dinero y así al mostrar despreocupación por la forma de gastar estamos venciendo el miedo, pero más bien lo que hacemos es gastar más rápido el dinero que tenemos, la cuenta de los ahorros se nos reduce y eso nos preocupa y nos pone nervioso, por eso es que gastamos y no queremos saber cuánto estamos gastando, sabemos que nos hace bien gastar y gastamos a ojos cerrados para después pasar el resto del mes quejándonos por haber gastado de más, por haber despilfarrado lo que habíamos ganado y por no haber cumplido el plan programado.

El otro extremo es el de ser un tacaño paranoico, que nos reprimimos de todo gasto innecesario e incluso nos privamos a nosotros mismos de cualquier gasto adicional o complementario, mantenemos a nuestra familia en la más horrenda austeridad que casi raya en la pobreza extrema, pero nos sentimos satisfechos que el dinero se encuentre guardado en la cuenta de ahorro y es mejor tener, a no tener, aunque se pase un poco de hambre y no se den un pequeño gusto de vez en cuando.

He visto muchas familias que han vivido de esa forma, siendo el padre que lleva un estricto control de todos los gastos de la familia, de los hijos y no le permite ningún gasto adicional al que él les ha asignado, no permite que el dinero se desperdicie, y los principales temas de conversación giran alrededor del dinero, de cuánto cuesta el plato de comida, de cuanto nos estamos ahorrando si solo nos comemos una rebanada en vez de toda la hogaza de pan, de coleccionar cupones de ahorro para cuando se compre tal o cual cosa, de ser capaces de atravesar la ciudad entera con tal de ir por una producto que está en promoción en esa tienda y me ahorro unos cuantos centavos.

Se multiplican las discusiones en el seno del hogar por culpa de estar hablando de dinero, de la obligación de cada quien de ahorrar, de no gastar, de comer menos que así se ahorra más, de no comprar nada nuevo todo de segunda mano, de visitar solo las tiendas que están en promoción permanente e inculcarle a toda la familia que es pecado pensar en cosas nuevas, que no lo podemos costear, que no lo podemos permitir, que no está a nuestro alcance, que somos pobres para cortar la aspiración de cualquiera que quiera atreverse a pedir algo nuevo o que no está en el presupuesto.

Lo negativo no es determinar una estrategia de ahorro familiar, sino dejarse llevar por el miedos, por el pánico a la pobreza convirtiendo a la relación familiar en un calvario, inculcándole a los hijos el mismo temor que padecen sus padres, haciéndolos esclavos a los miedos.

Así que las principales causas de nuestro bloqueo, de nuestro impedimento hacia un mundo mejor, hacia la riqueza, hacia el éxito lo podemos encontrar en los siguientes enunciados:

1. *Los miedos.*

2. *La ignorancia*

3. *El desaliento*

4. *La falta de enfoque en las cosas que valen la pena, nos enfocamos más en los problemas más que en las soluciones.*

5. *Falta de atención a las oportunidades*

6. *No se ama lo que se hace, no hay pasión y alegría por lo tanto no hay sinergia entre el corazón y la razón.*

7. *Falta de inteligencia emocional*

8. *Falta de acción*

9. *Actitud mental negativa*

10. Nos rendimos fácilmente

Como jóvenes debemos de buscar lo opuesto a los temores que es lograr una seguridad en nosotros mismos y para ser seguros no debemos de permitir que la menor pizca de pensamiento negativo se apodere de nosotros, debemos de ser impermeables a toda esa lluvia de negatividad que muchas veces existe a nuestro alrededor, en nuestro seno familiar, en la escuela y donde quiera que nos encontremos. Siempre hay que ser firme como una roca y mantenernos en constante vigilancia de no permitir los malos pensamientos, los pensamientos negativos que esos son los que nos conducen a una actitud mental negativa.

Para progresar hay que estudiar, ya es una norma súper confirmada que un pueblo progresa en la medida que sus ciudadanos se preparan y elevan su nivel académico, una familia se supera en la medida que sus miembros estudian, se gradúan y adquieren nuevos oficios, solo se logra salir de la pobreza trabajando, con esfuerzo, ahínco y educación. La educación es un pilar fundamental para transformar nuestra realidad y alcanzar un mejor nivel de vida.

Mientras podamos nunca debemos de abandonar los estudios, por más tormentosas dificultades y limitaciones que tengamos nunca se deben de abandonar los estudios, es la llave maestra para salir de la pobreza y miseria, la educación es fundamental para transformarnos en una persona de bien, es preferible que renunciemos a las amistades que quieran alejarnos de los estudios pero nunca abandonar los estudios, esa debe de ser una máxima que debe de estar presente en todos los hogares.

Este fenómeno no es el caso de los países del primer mundo donde es una obligación de todas las familias de mandar a sus hijos a la escuela so pena de sanciones para los padres si no lo hacen, así que eso es una norma.

Pero en los países latinoamericanos sí es un problema endémico donde se tiene un alto índice de analfabetismo, donde fácilmente los padres no mandan a sus hijos a la escuela por carecer de recursos, no tienen para comer menos para comprar lápices y cuadernos, la pobreza extrema se ensaña todavía más con los más pobres y por eso las realidades simplemente son distintas, son diferentes. Un pueblo sin educación es un pueblo sumergido en la ignorancia y el oscurantismo.

34.-   No sigamos haciendo las cosas mal.

Hagamos un alto en el camino a partir de este momento, hagamos un compromiso con nosotros mismos y dejemos de hacer lo que estamos haciendo mal, dejemos de caminar sin rumbo cierto sin saber hacia dónde nos dirigimos y comencemos a reconstruir nuestra vida.

Tomemos un cuaderno y dibujemos como queremos nuestra vida futura, como será la nueva vida que vamos a construir, vamos a darnos a la tarea de descubrir nuestros talentos, de que salgan a flote y ponerlos a trabajar a nuestro favor. Todo lo que hagamos con pasión, con amor, con entusiasmo, con dedicación ténganlo por seguro que va a triunfar, va por el camino correcto, va por camino del éxito.

Uno puede nacer en cualquier barrio o zona residencial, en el campo, en la montaña o a orillas del mar, en el caribe o el atlántico, en Europa o en África, y podemos crecer, educarnos, ir a la escuela igual que los otros niños, podemos tener los mismos gustos, hábitos, costumbres que el resto, pero cada quien trae su propio don, sus propios talentos, que van a estar ocultos hasta que algo sucede, algo que nos toca, nos llega a lo más profundo y de repente somos transformados, se despierta en nosotros algo que nos hace tomar rumbos diferentes, nos descubrimos a nosotros mismos y se hace la diferencia.

Pero más, sobre todo, cuando tenemos la convicción de que somos hijos de un Dios que es el dueño del Universo y a partir de ahí se aumenta la confianza, la fe en el futuro y la vida con propósito que es la que nos enrumba hacia la cima del éxito.

No se tiene conciencia del poder que tenemos hasta que la oportunidad llega, hasta que la motivación es descubierta, es liberada del letargo donde se encontraba y que no se pensaba que se tenía o existía.

Para no seguir haciendo las cosas mal debemos de ser como los atletas que entrenan todos los días para prepararse para la competencia que a lo mejor es en un solo día, pero ese entrenamiento dura días, meses y años hasta que llega el momento donde todo nuestro esfuerzo sale a relucir.   El joven debe de entregarse en cuerpo y alma a su entrenamiento por la vida, a trabajar duramente en una concepción positiva de la vida, en desarrollar una actitud mental positiva.   También trabajar con el subconsciente convirtiéndolo en un aliado estratégico en la consecución de sus planes, en lograr sus objetivos y sus metas, en que le ayude a definir su propósito en esta vida y que las cosas salgan como realmente las soñamos.

Las simples reglas que configuran una vida las podemos resumir en las siguientes:

1. Pensamientos positivos
2. Actitud mental positiva
3. Desarrollar nuestra imaginación al máximo
4. Visualizar lo que queremos
5. Pensar en grande
6. Desarrollar la confianza en si mismo
7. Tener una fe ciega en el futuro
8. Servir y dar a los demás, que entre más dé, más recibiré.
9. Ser muy agradecido por lo que me ha dado la vida.
10. Ahorrar el 10 % y vivir con el restante 90%

No lo dude dos veces, póngase manos a la obra y delinee un plan que contenga esas simples reglas que van a configurar su vida a como lo han hecho miles de personas que se han ganado la admiración de nosotros y de la humanidad entera.

35.-   La nueva visión.

Hay muchos grandes hombres en la vida que han sido grandes líderes inspiradores que han sido tocados, han sido despertados por su voz interior, por Dios, y ellos han vuelto sus ojos de la oscuridad a la luz, de lo más bajo a lo más alto y han cumplido grandes tareas, grandes misiones encomendadas.   Puede que los haya inspirado alguna lectura, algún libro, o el encuentro repentino con la iluminación divina que les ha demostrado el camino a seguir, de lo malo a lo bueno, de ser enemigo de la sociedad a ser un gran benefactor. Un gran ejemplo de esto lo encontramos en la biblia (Hechos 8) de cómo Saul después de ser un gran perseguidor de la iglesia se transformó en Pablo el gran Apóstol de los Gentiles a través de una revelación divina.

Esto es una muestra de cómo una chispa divina puede transformar a un hombre de ser una bestia a convertirlo en un hombre de bien, en un ciudadano ejemplar lejos de toda maldad, de los vicios, del crimen.

Saulo era considerado un hombre malvado, perseguía a los cristianos y los entregaba para que fueran torturados, golpeados, humillados y la gente de solo escuchar su nombre temblaba de terror.

¿Cómo es posible que un hombre que tenía tanto odio por los cristianos, que se enorgullecía de ser un verdugo y que no tenía el más mínimo remordimiento, se haya transformado en un fiel servidor de Cristo? ¿Cómo explicar esa profunda transformación de cambiar un corazón petrificado por el odio a un corazón lleno de bondad, amor y compasión?

Pero Saulo lo logro porque fue tocado por la mano del hijo Dios, pudo sentir su inmenso poder cuando Jesús le hablo y le pregunto – ¿Por qué me persigues?, y en este encuentro con Jesús Saulo quedo ciego, no podía ver y se le ordeno que regresara a la ciudad y se le diría que es lo que tenía que hacer.

Saulo fue escogido como instrumento del Señor para dar muestras de fe y se convirtió posteriormente en un gran hombre de la iglesia mejor conocido como San Pablo Apóstol.

Cuando uno descubre parte de su naturaleza divina, de la fuerza innata que le puede transformar, que lo puede sacar de la condición miserable en que se encuentra, entonces, a partir de ese momento, ese hombre no va a descansar hasta descubrir el resto de ese tesoro interior, ya no va a querer regresar al pasado y volver a vivir la vida espantosa y miserable que llevaba.   Ahora ha salido a flote la punta del iceberg, la nueva visión de sus ideales más hermosos.

La misión que todos tenemos es descubrir los dones que nos fueron dados, los talentos con que hemos nacidos, los atributos que tenemos para ponerlos al servicio de la humanidad, para alcanzar una vida mejor.

36.- Como se hace.

Conociendo o sabiendo que es lo que queremos para nosotros, para el futuro, para los próximos años esto nos da el norte a seguir, nos define un propósito y con ese propósito delineamos un plan que lo llevamos a cabo hasta que logramos lo que nos hemos propuesto.

Si no sabemos que es lo que queremos, pues no pasamos de esta tarea hasta que tengamos un esbozo de que es lo queremos para nosotros, no podemos seguir adelante mientras no estemos claros, mientras tengamos el horizonte incierto, mientras no sepamos qué es lo que queremos, no debemos de tener miedo en esto, eso debe de ser superado, el compromiso esta en soñar primero, soñar en grande y ver lo grandioso que va a ser cuando alcancemos nuestro sueño, lo lindo que nos vamos a sentir, lo realizado que vamos a estar cuando nuestro sueño se haga realidad.

Ese sueño maravilloso se va a convertir en un intenso deseo, que lo debemos abrigar con todo nuestro corazón, con toda nuestra alma y debemos de crear todos las cosas necesarias para recrear ese sueño a través de imágenes que se van a alojar en nuestra mente, esas imágenes se deben de conectar con nuestros sentimientos y cada vez que veamos esas imágenes de nuestro sueño hecho realidad se formara una conexión neuronal que moverá los hilos de nuestro corazón haciéndolo palpitar más rápidamente, llenándonos de regocijo y alegría, llenándonos de emoción.

Ese es el secreto, el deseo intenso de hacer realidad nuestro sueño lo convertimos en imágenes físicas que se alojan en nuestra mente y estas a su vez desencadenan una serie de sentimientos hermosos, maravillosos que despiertan nuestra alegría, felicidad y ternura, es como que nos sintiéramos transportados a otra dimensión donde todo se convierte en realidad.

Si dices necesito dinero para hacer mi sueño realidad y como no tengo dinero mejor no sueño. Esa es una excusa que tú te pones como obstáculo entre tu sueño y la posibilidad de hacerlo realidad. Y lo más probable es que no alcances nunca tu sueño porque depende de otras cosas que según tú son imposibles de superar y como no estás preparado, pues esas cosas no se aparecerán y tu cerebro nunca buscara como superar el obstáculo que te pusiste en frente, porque ya distes por hecho que eso es insuperable y tu cerebro lo habrá aceptado como verdad.

Nunca digamos no se puede porque tu cerebro lo acepta como verdad y después lo repetirá con mayor convicción, no se puede. Todo lo que tú crees, el subconsciente lo acepta como verdad y luego te da o te quita las fuerzas necesarias para actuar en correspondencia con esa creencia. Tú habrás podido observar que hay gente en el mundo que acepta muchas cosas como verdad y luego sufren las consecuencias de lo que tal vez sin darse cuenta aceptaron como verdad. Hay mucha gente que dice hoy me voy a enfermar, siento que me voy a enfermar, y en efecto al cabo de un rato comienzan a manifestar síntomas de la enfermedad que ellos creen tener o que creen que han contraído.

El subconsciente es nuestro aliado poderoso, es el que se encarga de comunicar nuestros deseos al universo, es el que intercede por nosotros y hace que las cosas se hagan realidad, pero a su vez es inocente que no distingue entre deseo ardiente o miedo recurrente porque para él ambos son pensamientos que te han desbordado tus emociones y el que más intenso efecto tenga sobre tu persona ese es el que más pronto se va a cumplir, así que si tus temores son más intensos que tus deseos, esos serán los primeros en manifestarse y llegar. Los miedos y temores son emociones negativas que tienen su razón de ser en el comportamiento del ser humano, pero su efecto prolongado a la final nos da resultados negativos porque hace que no podamos hacer nada por temor a que las cosas nos salgan mal. Este temor hace que las cosas graviten en sentido contrario haciendo que se alejen de nosotros las cosas buenas y positivas.

Las tres cosas importantes son:

Soñar y visualizar a donde queremos llegar que deseamos tener que queremos alcanzar, como nos vemos disfrutando de ese sueño hecho realidad.

Desear intensamente la realización de ese sueño, querer tenerlo, poseerlo, alcanzarlo, juramentar su conquista, su posesión. Aumentar ese deseo por medio de la visualización de cuadros, escenas, fotos, dibujos, etc. De que ya eres poseedor de lo que deseas, que ya lo tienes, que ya está en tus manos, que así era como lo querías. A como dice Paolo Coelho que el universo va a conspirar a favor tuyo.

Descubrir tus fortalezas, tus valores, tus recursos con lo que cuentas, tu tesoro interior y a partir de ahí planificar como vas a alcanzar tu sueño, que etapas debes de superar, como se van a distinguir esas etapas, cuáles serán las sub-etapas que iras superando, como te vas a ir dando cuenta de lo cerca que estarás cuando te acerques a tu meta.

Cuando tu deseas algo y sueñas con alcanzarlo lo más seguro es que lo lograras. En la medida que trabajes en la dirección de tus sueños los vas a realizar, se van a cumplir y los harás realidad.

Siempre que es entrevistado alguien que ha alcanzado la fama y fortuna de cómo se convirtió en una celebridad, lo más probable es que ni el mismo sepa como llego a la fama, solo sabe que siempre lo deseó, que siempre se vio triunfando, que eso era lo que más le apasionaba en la vida, que eso era lo que quería y que no se podía desviar hacia otra cosa, siempre estuvo atento a que cosa hacer que le llevara más cerca de cumplir su meta, de realizar sus sueños y nunca se quejó de las vicisitudes que le toco vivir, es como si fuera una receta de todos los que han triunfado en la vida, de todos los que han llegado a la cima del éxito. Sino veamos algunos casos para ilustrar esta cualidad de los triunfadores a través de sus biografías que tanto han inspirado a otros a realizar sus sueños.

37.- Rocky Balboa

Una de las estrellas de cine que se volvió famosa mundialmente a través de sus personajes Rocky Balboa y John Rambo, se ganó los corazones de sus admiradores. El personaje Rocky Balboa era un boxeador surgido del pueblo, humilde y sencillo que logro imponerse contra sus rivales en una pelea llena de adrenalina, tremendamente dura y al final ganar cuando estaba siendo derrotado, levantarse de la lona para triunfar. El otro personaje resalto las cualidades de un veterano boina verde sobreviviente de la guerra de Vietnam: John Rambo que pone en práctica todas sus habilidades de sobrevivencia para escapar del acecho y persecución, hasta que logra vencer.

La cinta Rocky fue nominada al Oscar en 1976 en dos categorías como Mejor Actor y Mejor Guion. Silver Stallone nació con una lesión en un nervio de la cabeza provocándole parálisis parcial en una parte de la cara afectándole parte de la lengua, los labios y la barbilla haciendo que la entonación de las palabras fueran peculiares pero que a pesar de todo, más bien se convirtieron en un distintivo que le ha dado realce en sus películas, le ha sumado puntos.

Pareciera que en sus películas Rocky y Rambo se ve reflejado el espíritu indomable de su personalidad que le permitió sobresalir y superar todas las adversidades que le toco vivir y enfrentar durante su infancia y a lo largo de su carrera cuando era un desconocido sin muchas perspectivas de triunfar. Stallone fue un muchacho especial, tenía un espíritu indomable que le llevo a tener problemas en el colegio y haber sido expulsado de varios centros, pero logro encausar esa energía en el futbol donde se destacó y a la final logro culminar sus estudios.

Se cuenta que en los años 70 tuvo que trabajar en una película pornográfica para pagar sus clases de arte dramático, sus finanzas estaban muy estrechas en ese entonces y solo contaba con 20 dólares.

Siempre mantuvo despierta esa esperanza de convertirse en un actor reconocido y por eso se esforzaba siempre en buscar papeles protagónicos para destacar como artista, apareció en la película Bananas del director Woody Allen, también participo en un episodio de la serie detectivesca Kojak cuyo protagonista era Telly Savalas. Se presentó para los papeles de Carlo Rizzi y Paulie Gatto de la película El Padrino.

Después de terminar sus estudios de Bachiller de Bellas Artes se dedicó a escribir guiones desarrollando su potencial de escritor y guionista. El 24 de marzo de 1975 viendo la pelea entre Muhamed Ali y Chukc Wepner se le vino a la mente una idea que no lo dejo tranquilo toda la noche hasta que se sentó a escribir el guion de lo que sería la película Rocky, inspirada en la pelea de Muhamed Ali. Stallone sintió que ese guion era especialmente para él, sentía que el personaje estaba encarnado en su persona, que su corazón vibraba en cada escena del guion y por lo tanto no podía desprenderse de él, sino lo que quería era venderse a sí mismo como actor con todo y guion. Pero había un pequeño problema y era que Stallon no era reconocido, no era famoso. En efecto, cuanto intento vender el guion, a los productores les encanto, e inmediatamente pensaron en actores famosos de la talla de Ryan O'Neal, Burt Reynolds o Robert Redford pero no veían ni aceptaban a Stallone como actor. Le pidieron que les vendiera el guion, que dijera cuanto quería para que no protagonizara la película y que ellos se encargarían de buscar al actor que mejor les pareciera para el rol de Rocky.

Stallon se mantuvo firme en no vender el guion a menos de que él fuera el actor, los productores tuvieron que aceptar la condición que exigía pero le bajaron el precio, el recibiría 10 veces menos que la oferta inicial sin que el participara. Tanta era su convicción que acepto, sabía que era su oportunidad y no podía dejarla ir, se enfrentó a ese punto de inflexión donde es todo o nada, donde sabía que podía haberlo perdido todo si la película fracasara.

Ya lo demás es historia, la película fue un éxito a nivel mundial y Stallone fue catapultado a la fama. La película Rocky gano el Oscar a la mejor película y Silvester Stallone consiguió ser nominado al Oscar como mejor actor y Oscar al mejor guion original.

Que hubiera pasado si hubiera decidido aceptar el dinero que le ofrecían por el guion, porque era de esperarse verse inclinado y tentado a aceptar el dinero cuando estaba pasando momentos económicos difíciles, pero su confianza en sí mismo, la certeza de su guion, la fe en su carrera hizo que pusiera todo su futuro en juego. Son esos hombres que desafían al destino, que tienen un carácter fuerte como el acero y una convicción firme en el futuro son los que conquistan sus sueños.

38.- El Resplandor (Stephen King)

Otro ejemplo de perseverancia lo vemos en la vida del gran escritor Stephen King que a pesar de las adversidades siempre se mantuvo firme en su convicción, a pesar de verse golpeado por las adversidades y haber flaqueado en esos momentos cuando los esfuerzos no son compensados y las posibilidades de un futuro mejor se ven enturbiadas por la incertidumbre.

Stephen King es un prolífico escritor norteamericano que ha escrito más de 50 novelas, con ventas record de más de 400 millones de libros vendidos, está en la selecta lista de los escritores mejor pagados del mundo.

Pero antes de llegar a la fama tuvo que pasar duras pruebas desde las dificultades de tener una infancia difícil hasta las penurias económicas. Después de graduado de la universidad se vio obligado a realizar múltiples trabajos para mantener a su esposa y dos hijos, la prosperidad económica no llego al mismo tiempo que se graduó, se vio obligado a trabajar duro para poder subsistir.

Stephen King nació en Portland (Maine), cuando tenía 2 años de edad su padre los abandonó a él y a su hermano David, viéndose su madre obligada a criarlos sola, muchas veces los dejaba durante el día con alguna niñera o en ocasiones se quedaban solos porque no había para costear la niñera.

Durante los ratos que permanecía solo con su hermano, ellos se entretenían leyéndose el uno al otro historias, novelas etc. todo lo que encontraban o les cayera en sus manos, así desarrollaron una gran afición por la lectura. Desde temprana edad desarrollo una inclinación por las historias de misterio y terror que le atraían mucho, no se sabe si esa preferencia fue producto de algún miedo o temor surgido en su niñez cuando su madre los dejaba solos, o alguna experiencia traumática que le hubiera tocado vivir.

Lo único cierto es que cuando él tenía 13 años descubrió en la casa de una tía una caja de libros de su papa llena de historietas de misterio y terror que desde el primer momento que las vio se quedó prendido por ellas. A partir de entonces comenzó a escribir sus propias historias que incluso las llego a vender entre sus amigos de escuela, pero dicha actividad fue sancionada por los profesores que no vieron con buenos ojos que Stephen comercializara entre sus amiguitos sus escritos.

En 1966 logro ingresar a la universidad gracias al esfuerzo que hizo su mama porque quería que sus hijos salieran adelante, que no se quedaran sin una educación superior, que se superaran y fue así que logro terminar la carrera en 1971 en la Universidad de Maine. Ahí encontro a su esposa Tabitha King que se conocieron en la biblioteca de la universidad, se enamoraron y al finalizar los estudios contrajeron matrimonio.

No todo es color de rosa en la vida y cuando termino la universidad no encontró trabajo en su carrera, por lo que tuvo que hacer varios trabajos, y en una ocasión trabajar en una lavandería. Combinaba su tiempo con el trabajo y en la noche se dedicaba a escribir motivado por su esposa, utilizaba para ello un pequeño rincón del remolque donde tenían que vivir porque no había para pagar una renta en un mejor lugar.

A pesar de escribir muchos artículos para varias revistas, dedicaba tiempo para escribir su primer novela que fue la que le dio el éxito, aunque inicialmente se desalentó porque no creyó que al público le interesara una novela de una joven que tenía poderes psíquicos, pero gracias a su esposa Tabitha que nunca perdió la fe en él como escritor lo insto a que terminara la obra, que no se dejara llevar por los pensamientos negativos antes de terminarla.

Después de terminar la obra, la envió a una casa editorial sin tener esperanza alguna de que fuera a ser aceptada.   Continúo trabajando en otros trabajos y otras obras con el mismo ahínco con que siempre comenzaba un trabajo, porque su madre siempre le inculco que debía de ser constante en la vida.

Cuál fue su sorpresa, que de la editorial le mandaron un telegrama diciendo que la obra titulada Carrie les había gustado y que le proponían inicialmente un adelanto de 2500 dólares.   La compañía editora Doubleday le había enviado un telegrama porque no había podido contactarlo por teléfono, en ese entonces tenía el teléfono cortado, no tenían para pagar las facturas y vivían con lo justo para mantenerse.

A como el mismo dice en su biografía de que esos 2500 dólares le cayeron como anillo al dedo justamente en el momento que los necesitaban para poder paliar un poco la difícil situación económica que estaban pasando.   La novela gusto mucho al público lo que conllevo a que hicieran una película cuyos derechos fueron vendidos en 400,000 dólares, los cuales fueron compartidos mitad el autor y mitad la casa editora.

A partir de este momento su figura fue catapultada a la fama, es así como también surgieron otras obras que acapararon la atención del público llegando a ser verdaderos bestseller, El misterio de Salem's Lot (1975), El resplandor (1977), La danza de la muerte (1978), La zona muerta (1979), Cujo (1981), Cementerio de animales (1983), It (1986), Misery (1987) entre otras.

La novela El resplandor de Stephen King fue llevada al cine convirtiéndose en una de las mejores películas de terror de todos los tiempos, en la actualidad es un clásico del cine.   Fue realizada por el director de cine Stanley Kubrick en 1980, y la majestuosa interpretación de Jack Nicholson como actor principal.

El legado de Stephen King es no perder nunca su pasión por lo que se está haciendo, no dejar de hacer los que nos gusta hacer, dejarnos llevar por el sendero de nuestra pasión, pulir nuestros talentos como los diamantes que son extraídos de las profundidades de la tierra, cultivarnos, no dejar escapar ni un momento sin entrenarnos, sin practicar, sin prepararnos que en la medida que nos entreguemos concienzudamente a lo que nos apasiona en esa medida se transformara nuestra realidad, seremos capaces de cambiar el mundo.

39.- La joven latina inmigrante que conquisto el mundo de las finanzas.

Una historia también impresionante es la de Julissa Arce emigrante mexicana que llego a los Estados Unidos a la edad de once años, originaria de Taxco, México. Llego con muchas dificultades y limitaciones junto con su familia, para estudiar y terminar la escuela y después ingreso a la Universidad de Texas. Para mantener sus estudios ella vendía churros en un pequeño mercado en Austing y no le iba mal con las ventas. Los churros son muy apetecidos por los latinos, es un postrecito hecho a base de harina de trigo, un poco de azúcar y cocinada en aceite, muy deliciosos, fácilmente te calman el hambre. Con ese dinero pagaba la colegiatura de la universidad, su mama le había inculcado ese amor por los estudios, le decía que estudiando era la única forma de salir de la pobreza.

Julissa amaba mucho a sus padres, desde chica le habían inculcado el amor al trabajo, ella sabía que sus padres trabajaban duro para conseguir el bocado de cada día y lo que ganaban no era suficiente para sostener la casa y todavía pagar los estudios, por eso ella gustosamente les ayudaba con su trabajo en la venta de los churros. Ella se había propuesto ayudarlos, por eso quería estudiar y algún día salir de la pobreza.

Las cosas se empeoraron cuando a su papa lo despidieron, no logro conseguir trabajo por un buen rato y se vio obligado a regresar a México para no continuar siendo una carga para la familia con el poco dinero que conseguían. Su mama también se regresó y la insto a que ella se quedara para continuar sus estudios, que no se preocupara por ellos que iban a estar bien en su tierra pero que ella hiciera el mayor esfuerzo por culminar sus estudios.

Julissa estaba en una encrucijada, no podía regresar a México porque estaba indocumentada en los Estados Unidos y sabía lo que eso representaba, si salía del país no podría regresar y por tanto tampoco volver a continuar sus estudios en la universidad donde estaba.

Opto por quedarse y afrontar todas las consecuencias que eso significaba, de quedarse sola, su familia regresó a su tierra y ella se quedó solo con su convicción de querer terminar sus estudios, su único sustento era la venta de churros que sus padres le dejaron.

Entre tantas penurias que pasó, ella cuenta que tampoco pudo regresar cuando su papa se enfermó de gravedad, sabía que estaba postrado en cama con una enfermedad terminal, pero no podía salir del país para ir a ver a su padre y despedirse de él en sus últimos días.

Su papa falleció y no le quedo más que llorarlo a solas, la convicción por sus estudios se volvió más fuerte, cada lagrima era una promesa a su padre fallecido de que culminaría sus estudios a como diera lugar. Pero como las desgracias no caminan solas, también la desdicha se cernió sobre la churrería.

El mercadito donde tenía el puesto de churros fue cerrado por disposición del gobierno para unas remodelaciones planificadas en años anteriores, los comerciantes iban a tener la oportunidad de mejores condiciones para los negocios. Pero para Julissa eso más bien era una catástrofe porque no tenía papeles legales, no podía hacer nada como indocumentada, no podía mantener, ni legalizar su negocio después de la remodelación programada.

Ahora estaba en grandes problemas, no tenía papeles para buscar trabajo y continuar costeando sus estudios, no tenía dinero para pagar las clases, varios amigos latinos le ayudaron a conseguir papeles falsos para poder encontrar un trabajo, aunque ella no estaba de acuerdo con esa situación pero no le quedaba de otra para continuar luchando, así pudo encontrar un trabajo y mantenerse hasta que se graduó. Corono su carrera con excelentes notas, era una joven abnegada, bien dedicada, sin vicios y no tenía más distracción que sus estudios. Luego de graduada por sus méritos académicos tuvo una gran oportunidad, fue invitada a trabajar en el banco Goldman Sachs uno de los mayores bancos de inversión y valores más grandes del mundo.

Entre sus plegarias siempre estaba en primer lugar el coronar su carrera, terminar sus estudios, para poder ayudar a su familia, siempre en su mente estaba la memoria de su papa y su mama que se desvivieron trabajando para que ella estudiara y tuviera una mejor oportunidad en la vida.

Y en segundo lugar de sus peticiones era lograr la legalización de su estatus para poder realizarse y trabajar tranquilamente. Lo segundo le llego posteriormente cuando uno de sus compañeros de clases en su último año de carrera la pidió en matrimonio, él era ciudadano norteamericano y con el matrimonio las leyes la favorecían con la ciudadanía.

Está de más contar las dificultades que pasaba ella cuando la promovían de cargo en las instituciones donde trabajaba y más aún en Goldman Sachs que cuando ingreso a esa institución todavía era una inmigrante sin papeles legales.

Julissa Arce es una mujer, mexicana digna de admiración y ejemplo para todas las mujeres que luchan por sobresalir y vencer a la pobreza, además de ser una mujer inteligente con un gran potencial que supo explotar.

Ya trabajando en el banco, logro destacarse y fue promovida por su capacidad, hasta ocupar altos cargos de dirección, ganando hasta más de cuatrocientos mil dólares al año. Su mama siempre le decía que no abandonara los estudios que eso era la salvación. Después de sortear muchos obstáculos siempre persistió hasta el final, pero ella dio muestras que para triunfar en la vida solo se necesita saber lo que se quiere, proponérselo, y perseverar independiente de todos los obstáculos que puedan haber, no importa que truene, llueve o relampaguee, que te quedes solo en este mundo, pero la persistencia, la convicción y la fe en uno mismo hacen que todo se ponga a tu favor. Julissa Arce fue noticia en CNN, y otros diarios de difusión internacional.

40.- Coraje disciplina y sudor

Para poder hacer las cosas necesitamos un poco de inspiración, de motivación y no dejarnos vencer por el desaliento, o la perdida de la confianza en uno mismo, no dejarnos amedrentar por lo que otros piensan y opinan de nosotros cuando las cosas que dicen son negativas o creen que lo que nos estamos proponiendo es imposible.

Siempre hay una barrera de contención a todo lo que queremos emprender, siempre hay una montaña a la cual hay que subir, siempre hay una pared infranqueable que muchas veces tenemos que derribar, no podemos permanecer agazapados temerosos esperando que alguien nos rescate de donde nos encontramos, porque no va a ocurrir, si no es por nuestro propio esfuerzo no va a suceder nada.

Veamos el caso de John Harold Jonhson que llego a ser uno de los negros más influyentes de los Estados Unidos, fundador de la revista Johnson Publishing Company y uno de los primeros negros en aparecer en la revista Forbes como uno de los primeros millonarios de origen afroamericano.

Johnson nació en la zona rural de Arkansas nieto descendiente de esclavos. Cuando tenía ocho años, su padre murió en un accidente de aserradero y Johnson fue criado por su madre y su padrastro. Asistió a una escuela primaria para gente de color. Tal era su amor por el aprendizaje que repitió el octavo grado varias veces porque su madre no quería que interrumpiera su educación, ya que no había escuela secundaria pública de los afroamericanos en su comunidad y si dejaba de estudiar ella creía que podía ser víctima del ocio y los vicios de esa época.

La familia se mudó a Chicago en 1933 para tratar de encontrar trabajo y que Johnson pudiera continuar su educación.   La familia paso muchas dificultades durante los primeros años en esa ciudad, su madre y su padrastro no podían encontrar trabajo, vivieron de la asistencia pública cierto tiempo, mientras que Johnson logro ser admitido en la escuela y pudo continuar sus estudios.

Johnson sufrió mucho por las bromas y las burlas en su escuela secundaria porque sus ropas eran pobres, pero eso no lo desmoralizo y continúo sus estudios con más ahínco.   Esto sólo alimentó su determinación por llegar a ser alguien en la vida.

En la escuela secundaria Johnson se distinguió por sus cualidades de liderazgo que demostró como cuando fue elegido como presidente del consejo estudiantil y editor del periódico de la escuela.

Durante el día asistía a la escuela y por la noche estudiaba libros de superación personal. Después de graduarse en 1936, se le ofreció una beca a la Universidad de Chicago, pero pensó que tendría que rechazarla, porque no podía encontrar una manera de pagar los gastos de la matrícula, sus padres no ganaban lo suficiente para costearle esos gastos pero su fe y determinación en lo que quería alcanzar hizo que se le apareciera un donante, una persona caritativa que tenía recursos y que le quiso ayudar.   El Sr. Harry Pace, presidente de la empresa Suprema Life Insurance Company que asistió a una cena celebrada por la Liga Urbana de la ciudad donde Johnson fue invitado a pronunciar un discurso, quedo tan impresionado con el joven que le ofreció trabajo y apoyo para que no perdiera su beca.

Johnson ingreso a la universidad gracias a la beca que se ganó en la secundaria y al apoyo que le brindo el sr Harry Pace, trabajaba y estudiaba, era incansable con su trabajo hasta llego a ser un gran asistente del Sr Pace.   Entre sus funciones estaba la preparación de informes, resumen mensual de artículos periodísticos, manejo de clientes, estudios de mercado, satisfacción de los clientes y evaluación de los servicios que se le brindaba a la comunidad. Este trabajo en la compañía le abrió los ojos y al descubrir que había un sector de la comunidad que no estaba siendo atendido pensó como podría el ayudar a suplir esa necesidad y eso fomento su sueño de iniciar su propio negocio en el mundo de las publicaciones.

Se le ocurrió la publicación de una revista dirigida a la comunidad afroamericana que en ese entonces carecía totalmente de publicaciones dirigidas a ese sector por la vigencia de estereotipos y prejuicios raciales. Había una necesidad imperante de una publicación que resaltara los valores de los negros y los logros que habían alcanzado, relatos de personas negras que habían triunfado en los negocios, el éxito no dependía ni del color ni de la raza, sino que era una cuestión de actitud.

Así fue como concibió la publicación de la revista Negro Digest, nadie creía que podía triunfar, solo su madre lo apoyo y le dijo que continuara con su sueño, que lo hiciera realidad, fue así que empeñó los muebles de su madre por un préstamo de 500 dólares para iniciar la publicación.   La publicación fue un éxito, luego edito otra revista dirigida especialmente para la gente negra titulada Ebony parecida a la revista Life donde se destacaba el éxito y los aspectos positivos de la vida y la cultura afroamericana. La revista también fue un éxito con más de 40 años de publicación.

Johnson amplió sus negocios a zonas distintas de sus revistas. Se convirtió en presidente y director ejecutivo de la Suprema Life Insurance Company. Él desarrolló una línea de cosméticos, adquirió tres estaciones de radio, comenzó una empresa editorial y una productora de televisión, y sirvió en el consejo de administración de varias empresas importantes, entre ellas la Corporación de Greyhound .

Johnson recibió numerosos honores y premios por sus logros, incluyendo la Asociación Nacional para el Avance de la Gente de Color la Medalla Spingarn en 1966 por sus contribuciones en el ámbito de las relaciones raciales.

En 1951, fue el primer afroamericano en ser seleccionado como Joven del Año por la Cámara de Comercio de los Estados Unidos. En 1972, fue nombrado editor del año por los principales editores de revistas en Estados Unidos.

En 1993, para celebrar el 50 aniversario de su editorial, Johnson publicó su autobiografía, en la que afirma que *"si le puede pasar a un niño Negro de Arkansas, también le podría pasar a cualquiera"*.

Fue el primer afroamericano en la lista de los 400 estadounidenses más ricos de Forbes. También fue nombrado doctor honoris causa por la Universidad de Arkansas en Pine Bluff, la Universidad de Harvard, la Universidad del Sur de California, la Universidad Carnegie Mellón, la Universidad del Este de Michigan y la Universidad Estatal de Wayne.

Ejemplos como estos hay muchos en la vida, el mundo está compuesto de gente exitosa que es la que está a la vanguardia en la medicina, la ciencia, los negocios, la política, la economía, la tecnología, el ejército, en todos lados tenemos gente digna de admirar y son motivo de inspiración.

Así como también hay gente que lamentablemente sus dones y talentos están siendo utilizados para la consumación de la corrupción, el mal ajeno, el enriquecimiento ilícito, la prolongación de las guerras, el terrorismo, la división de la clase trabajadora, aumentando la miseria y el hambre de los pueblos, promoviendo el narcotráfico y el crimen organizado.

41.- El bosque en llamas

Muchos de ustedes habrán tenido la oportunidad de escuchar las conferencias del Señor Carlos Kasuga Osaka, mexicano de nacimiento pero descendiente de familia japonesa, lleva en su sangre la interrelación de dos culturas, la mexicana y la japonesa.

Es un empresario exitoso, fundador de la división mexicana de productos lácteos Yakult del cual ha sido director por muchos años, también es fundador del liceo Mexicano Japonés, un centro que se esfuerza en llevar la educación de los jóvenes en valores, y también es el presidente de la Asociación Panamericana Kikkei. Muchos anos de su vida los ha dedicado a la educación de la juventud, a inculcarle valores, a orientarlos y decirles que estudien muy fuerte, que sean empresarios de la vida, que generen muchas fuentes de trabajo que tanto hace falta a Latinoamérica.

Como todos sabemos que Japón es un país súper desarrollado y él está convencido de que México al igual que otros países latinoamericanos no tienen nada que envidiarle a Japón en cuanto a sus recursos naturales, incluso México es más rico que Japón en ese sentido, pero la diferencia está en la actitud de su gente, eso es lo que ha hecho de Japón una gran nación. Con una buena educación en valores en México, se puede lograr ese cambio que tanto queremos, eso es lo que necesitamos todos los latinoamericanos.

El Señor Carlos Kasuga sugiere que para tener empresas de calidad, familias de calidad, instituciones de calidad, primero es que la persona se debe de comprometer consigo mismo y con su gente, para así poco a poco ir formando hombres de calidad. La idea central de sus conferencias es que para lograr esto se deben de seguir cuatro pasos: *"el bien ser"*, *"el bien hacer"*, *"el bien estar"* y *"el bien tener"*.

Bien ser.

Todos debemos de ser puntuales, respetar el tiempo de nosotros mismos y de los demás; hay que ser honestos, ser disciplinados, ser puntual, si llegas tarde pierdes minutos y si llegan todos los alumnos de una escuela tarde se pierden miles de minutos. La honradez es una cualidad muy ejemplar, hay que respetar la pertenencia, si te encuentras algo que no es tuyo, pues ha de ser de alguien más y debes de regresarlo, si te encuentras una billetera que no es tuya, pues ha de ser de alguien más y debes de regresarla, si en una fiesta te encuentras una señora que no es tuya pues ha de ser de alguien más, y si comenzamos a valorar la honradez en su verdadera dimensión, ensenando esos valores en nuestro hogar, en la escuela, a la juventud, no tendríamos esos problemas que tienen muchos países.

Bien hacer.

Todo lo que hagas, hazlo bien, si te vas a bañar hazlo bien, si vas a trabajar, hazlo bien, si vas a jugar, hazlo bien, si vas a hacer el amor, hazlo bien. Las personas que dan más de lo que reciben, a su familia, a su esposa, a sus hijos, a sus padres, al trabajo, a la empresa, van a sentir un bien estar que les va a proporcionar felicidad. Así es como se llega al tercer paso que es el bien estar.

Bien estar.

El bien estar es sinónimo de felicidad, porque distes todo lo mejor de ti a toda la gente con la que tuviste la fortuna de tratar el día de hoy. Es la satisfacción del deber cumplido porque todo lo que has hecho lo has tratado de hacer bien, de servir a los demás bien y eso te da una profunda satisfacción y te conduce tarde o temprano al *bien tener*.

Bien tener.

No hay que buscar el dinero fácil, de querer alcanzar el *"bien tener"* de forma fácil y rápida, que las cosas así no funcionan, y mucho menos cuando no se han hecho las cosas bien y de corazón. El *"bien tener"* es el resultado de los tres pasos anteriores de *"el bien ser"*, *"el bien hacer"* y *"el bien estar"*. El bien tener te va a llegar de forma natural cuando tu esfuerzo se ha centrado en el entregarte en cuerpo y alma al servicio de los demás.

Muy hermosos los pensamientos del señor Carlos Kasuga Osaka que ha tratado a lo largo de su vida de trasmitir los valores y el ejemplo del pueblo japonés en la educación de los jóvenes para lograr hacer de México un país próspero como lo es el Japón, que a pesar de haber sido destruido durante la segunda guerra mundial se levantó de las cenizas para convertirse en una potencia económica a nivel mundial. Ese convencimiento del señor Carlos Kasuga Osaka de que con una educación buena y con valores la juventud será el verdadero baluarte de la nación.

Carlos Kasuga dice que su papa le enseñó que si quería riqueza para él y para la gente que le rodeaba, debía de sembrar en ellos educación. Que la formación actual que se recibe en Latinoamérica, en la mayoría de los casos es una educación de solo conocimientos, pero lo que se requiere para una verdadera transformación, es una educación formativa, una educación en valores.

Lamentablemente los gobiernos han descuidado los sistemas educativos, se ha perdido el verdadero valor del maestro, se ha desvalorizado la profesión de maestro, y los gobiernos no le han dado la importancia que tiene, no le asignan los presupuestos correspondientes sino más bien cada año son recortados.

El maestro verdadero con vocación no se le reconoce su labor, por eso si queremos comenzar a cambiar las cosas, debemos de reconocer esa loable labor que desempeña en la formación y educación de nuestros hijos, debemos de ser agradecidos, debemos de mostrarles nuestra profunda gratitud a esa hermosa labor que realizan.

Otro gran problema que muy oportunamente lo menciona el señor Kasuga y es el de la limpieza, la falta de higiene, se debe de ensenar a la niñez desde chicos el valor de la higiene, de la pulcritud, de la limpieza, hay que ensenar a todos, a los empleados, a los trabajadores, que la virtud más noble que tiene el ser humano es la limpieza.

No se requiere andar sucio, andrajoso y asqueroso para decir que están trabajando, el buen trabajador no se ensucia me lo decía mi padre que era mecánico.   Así como también el ser pobre no es sinónimo de suciedad, de andar hediondo, mugroso y sucio. Debemos de respetar nuestro cuerpo, a nosotros mismos, a los compañeros que nos rodean y a la familia en general.

Realmente que dediquen un tiempito y vean los videos del señor Kasuga que son muy aleccionadores, son toda una filosofía de vida que vale la pena ver, yo me he quedado muy impresionado no tanto por sus mensajes, sino por su actitud, su vocación de querer transmitir los mejores valores a la juventud mexicana, se ve que lo siente en cuerpo y alma, y eso es digno de admiración.

Siempre al final de sus conferencias al Señor Kasuga le gusta terminar relatándonos un cuento que le contaba su padre cuando era niño y dice así:

"Había un bosque muy hermoso, grandioso donde vivía un gorrioncito feliz en su nidito, todas las mañanas salía y saludaba a todos los animalitos que encontraba, todos vivan felices y contentos y siempre agradecidos por el nuevo día que acaecía y se entregaban a sus tareas cotidianas. Hasta que un día el bosque tomo fuego, todos los animalitos salieron huyendo, despavoridos por las llamas, todos corrían para salvar sus vidas. Pero el gorrioncito en vez de salir huyendo voló en dirección al rio donde mojo sus alitas y regreso al incendio, dejaba caer dos tres gotitas de agua para apagar el fuego y regresaba al rio nuevamente a mojar sus alitas.   Un elefante que lo vio le dijo, gorrioncito huye, no te quedes aquí que vas a morir achicharrado, huye como todos los demás, no te expongas a una muerte segura. Pero el gorrioncito le contesto que no, que este bosque le ha dado todo, alimento, hogar, amigos, pero sobre todo felicidad, y no me importa morirme pero creo que mi fidelidad es la gratitud que le tengo por todo lo bueno que me ha dado.

Y fue nuevamente al rio a mojar sus alitas y regresaba al bosque en llamas, dejaba caer dos tres gotitas de agua y nuevamente regresaba al rio.   Ante esta actitud los dioses se compadecieron y dejaron caer una gran tormenta que inmediatamente apago el incendio.   El bosque nuevamente comienzo a reverdecer y todos los animalitos regresaron y vuelven a ser felices, más felices de lo que eran." Carlos Kasuga

Al final nos dice que este bello cuento puede tener muchas moralejas y una de ellas es que tal vez tu país esté en un incendio económico, social y político, pero cada uno de nosotros debemos de ser como ese gorrioncito que todos los días debemos de dejar caer una o dos gotitas de sudor, de trabajo, de estudio sobre ese incendio, y si así lo hacen, su país se lo agradecerá y Dios los bendecirá.

CUARTA PARTE

EPILOGO

42.- A pesar de todo.

A pesar de todo lo que está pasando en el mundo no pierdo la fe y esperanza en el hombre, en el ser humano que a lo largo de la historia ha demostrado su capacidad de levantarse de los más terribles holocaustos superar con creces las grandes catástrofes y vicisitudes que le ha tocado vivir, pero aun así después de haber sido embestido por el cataclismo de la adversidad se aferra una vez más a la vida y vuelve su curso a la normalidad.

La vida se renueva continuamente, después de que los bosques son arrasados por las llamas de voraces incendios, nuevamente vuelve a resurgir de la tierra la vida tierna que poco a poco restablece todo el daño ocasionado, se cicatrizan las heridas y todo vuelve a su verdor original.   Así también los seres humanos continuamente buscando como organizarse y protegerse de esos cataclismos que nos ponen a prueba una vez más.   Todos nos preguntamos cómo es posible ver pueblos enteros arrasados por la guerra, los embates de la naturaleza y ahí de esos escombros nuevamente recuperar la normalidad, nuevamente continuar la vida sanando las cicatrices de esas profundas heridas que no solo nos han lastimado físicamente, sino nos han golpeado emocional y espiritualmente.

El hombre cree en sí mismo, cree en su poder de contrición, el hombre siempre demuestra su capacidad de reconciliación y su tenacidad por salir adelante, eso es lo que ha llevado a las civilizaciones a superar ese sentimiento de derrota cambiándolo por uno de esperanza.

Pero hay momentos en que pareciera que todas nuestras expectativas se esfuman de la noche a la mañana, que la confianza que teníamos en el futuro se va de nuestras manos cuando vemos que las cosas no salen como quisiéramos, cuando no salimos del hoyo en que nos encontramos, cuando todo se ve lúgubre a nuestro alrededor, cuando hemos perdido a un ser querido, cuando no vemos el sentido en los casos de intolerancia, odio racial y sectarismo, cuando vemos horrorizados como el hombre se levanta contra su propio hermano, cuando unos se creen superior a otros por su condición de vida, por su estatus quo, por su color de piel, por su origen y procedencia.

Todas esas cosas hacen que nos sintamos mal con nosotros mismos, nos sentimos impotentes ante tantas cosas negativas y creemos que nada tiene solución, que esta demás querer cambiar el mundo cuando este ha sido así por los siglos de los siglos. Entonces que debemos hacer, como salir de ese círculo vicioso de negatividad y pesadumbre que nos rodea, que nos inunda y nos amarga la vida. Cada día los diarios como que nos dan la razón trayéndonos noticias desgarradoras de espanto y sufrimiento, de maldad y dolor.

Solo basta con recordar lo triste que ha sido para todo el mundo ver en los titulares en septiembre del 2015 a un niño sirio de tres años llamado Aylan Kurdi como fue encontrado en la orilla de la costa flotando, ahogado, su cuerpecito sin vida fue arrastrado a la orilla por las olas del inclemente mar que no perdonaron la embarcación en la que viajaba con su familia huyendo de una guerra cruel, buscando refugio en otras tierras para escapar de los horrores de la devastación de las armas que estaban masacrando a su pueblo. En esa tragedia también perdió la vida su hermanito de cinco años Galip y su mama Rehan que no lograron salir con vida. Esta historia pone al descubierto el drama que viven los refugiados que son desplazados de sus lugares por múltiples razones, de los inmigrantes, de los indocumentados que huyen de la pobreza, miseria, falta de trabajo, la criminalidad, las pandillas, la inseguridad y del hambre en último caso.

Para muchos es una noticia más en los diarios, de esas que ocurren a diario, pero para los que sienten y se sensibilizan con el dolor ajeno no pasa desapercibido, es una vida más que clama por la paz mundial, por la convivencia pacífica y por el destierro de una vez por todas de las armas que destruyen pueblos y naciones enteras. Todos estos conflictos son por la ambición del hombre, por la sed de poder, porque algunos se creen seres superiores a los demás.

¿Cómo hacer que los corazones de las personas cambien?, Creo que esta demás pedir que esas personas cambien, porque siempre la gente de mal corazón, de mal espíritu siempre va a anteponer sus intereses personales, siempre será presa de su ambición por las riquezas y el poder y no les importa un comino prender la llama de la destrucción con tal de continuar con su ambición de poder.

La mejor lección que podemos dar es cambiar primero nosotros mismos, transformar nuestro corazón e irradiar paz, bondad, amor y felicidad que es la mejor respuesta a toda esa corriente de maldad.

Donde se encuentre un grupo de personas siempre habrá un líder, es la inteligencia colectiva la que nos dirige y nos reúne en la consecución de un objetivo porque es la fuerza de la naturaleza que se impone para la preservación de la vida, por tanto los países y las naciones son la expresión viva de ese esfuerzo nato de organizarnos porque la unión hace la fuerza.

Pero así como en un granero hay millones de granos, de esos granos unos son más fuertes que otros y así también hay personas que traen un liderazgo innato y son capaces de conducir a su grupo hacia mejores horizontes, el resto también es capaz de seguirle confiando en sus capacidades de dirección, visión y liderazgo. Pero habrá líderes que se aprovechan de esa condición y sienten que esa cualidad es solo para su propio beneficio o para sus intereses personales y no los del colectivo. Es allí donde radica la diferencia cuando caemos en manos de líderes deshonestos, corruptos y sin valores morales que tengan verdaderas intenciones de ser guías para el bien de todos y no convertirse en lobos que llevan a las ovejas al matadero.

43.- El ser joven no es cosa fácil.

El ser joven no es cosa fácil, el reto es muy grande y hay que asumirlo, no podemos continuar viendo como a nuestro alrededor las cosas se empeoran cada día, de cómo crece la criminalidad, de cómo se va desvalorizando la vida hasta el punto de volvernos insensibles al dolor ajeno. Cuando la corrupción se apodera de un país al mismo tiempo crece la criminalidad, el narcotráfico, la delincuencia y el crimen organizado.   Vamos perdiendo la insensibilidad a los atentados, a los asesinatos, a los robos en las calles, a los secuestros, la extorsión, a las muertes por encargo y así podemos ir enumerando un sinnúmero de cosas que nos van volviendo inhumano, pasamos delante de un accidentado, un herido y damos la vuelta, nos apartamos de calle porque eso nos puede traer problemas, porque lo vemos como una molestia, pero no pensamos que pasaría si fuéramos nosotros los que estamos en esa condición, desvalidos necesitando ayuda.

El terrorismo y el crimen organizado cada vez están implementando formas de actuar inverosímiles que se escapan a cualquier mente normal y con valores morales, pero para la mente criminal se inventan formas de llevar adelante sus cometidos lo más espeluznantes sacados de una película fantasiosa de terror.

Ya no solo basta aprovecharse del hambre de las personas y convertirlos en esclavos para el tráfico de drogas, la trata de blancas, la prostitución y la criminalidad, sino que ahora ha cobrado relevancia la utilización de niños en actos criminales.

En Guatemala, en Colombia, en Ecuador, en Perú, en México, se ha puesto de moda la utilización de niños de edad escolar para cometer asesinatos, los han convertidos en sicarios que son enviados a asesinar a personas que se niegan a pagar las cuotas de la extorsión. Hay muchos reportajes al respecto tratando de hacer conciencia en la población de que presten más atención al cuido de sus hijos, que atiendan a la niñez y que el gobierno implemente más programas de atención para evitar que los niños sigan cayendo en estas redes delincuenciales. Pero más triste es ver a niños encarcelados diciendo que si hubieran tenido una madre que los atendiera, o un padre que los cuidara no hubieran caído en la delincuencia, si hubieran tenido a alguien que les diera cariño no estarían en esa situación.

El joven vendedor de pescados.

En el año 2013 en Colombia el joven Andrés Achipis de 19 años confeso haber matado a más de 30 personas, él era un hijo de familia de desplazados y se ganaba la vida vendiendo pescados en la ciudad.

Pero ¿qué fue lo que motivo a este joven a meterse en la criminalidad, en ese mundo de destrucción?

Cuenta que su papa era muy agresivo, lo castigaba con tanta saña que le llego a tener odio, se llenó de rencor, era mucho el maltrato físico, las palabras soeces, la humillación y el maltrato psicológico a que lo sometía lo que hizo que sintiera una sed de venganza, un odio permanente hacia las demás personas, y la primera vez que mato fue cuando un joven mayor que él, le robo su celular, se enojó tanto que después se armó de un cuchillo y cuando nuevamente se lo volvió a encontrar, lo asesino.

Así comenzó su vida criminal a temprana edad, robaba disque para llevarle dinero a su madre que siempre se quejaba de la pobreza y miseria en que vivían. Entre los once y dieciséis años mato a unas 30 personas, pero en sus declaraciones dice que hasta ya perdió la cuenta pero cree que más o menos han sido unos treinta.

Asesinar a personas se convirtió en un trabajo como cualquier otro, mataba por encargo, le pagaban el precio previamente acordado y no preguntaba ni las razones de porque querían que muriera esa persona, el solo sabía que tenía que matarlo para después cobrar el resto del dinero acodado. Ahora está en prisión pagando su condena.

El niño del terror

En Ecuador (1992) tenemos otro caso bien sonado y es el de un jovencito llamado Juan Fernando Hermosa mejor conocido como el niño del terror que a la edad de 16 años había matado a más de 22 personas. Era el jefe de una banda criminal que se dedicaba al robo de autos y en sus fechorías asesinaron a muchas personas entre ellos a taxistas, homosexuales que eran sus blancos preferidos.   La ciudadanía estaba conmocionada por los asesinatos que se presentaban todos los fines de semana, no aguantaban ese baño de sangre y el asesinato de tanta gente, la policía no sabía qué hacer y formaron un comando especial de investigación criminal para poder determinar quiénes eran los miembros de la banda que estaba sembrando el terror en la ciudad.

Hasta que dieron con el paradero de Juan Fernando y montaron un operativo para capturarlo en su casa. Juan Fernando estaba siempre preparado sabía que algún día lo agarrarían y ese día llego, opuso resistencia y se lio a balazos con la policía, les lanzó una granada de fragmentación en su intento de escapar pero no lo logro y fue capturado. Por su edad fue condenado a un reformatorio donde espero una oportunidad para escapar y a los seis meses se logró fugar junto a diez muchachos que se encontraban en esa casa, en su huida mato a un oficial que quiso impedir la fuga de los jóvenes. Huyo a Colombia donde al final fue capturado y retornado a Ecuador, se le condeno a varios años de prisión hasta que salió libre y se fue a vivir al norte del país a donde su papa. Al tiempo apareció muerto en la comunicad de su papa con quien vivía, apareció con el rostro desfigurado, amarrado y asesinado de varios balazos. Así termino la vida de Juan Fernando Hermosa.

La inocencia de Cristopher Raymundo.

Quien iba a decir que unos cinco adolescentes casi unos niños dos mujeres de 13 años, dos varones de 15 y un menor de 11 jugando al secuestro mataron a Cristopher Raymundo Márquez de apenas seis años de edad en Chihuahua, México.

El 14 de mayo del 2015, cinco adolescentes, Jesús David, de 15 años, los otros menores, Irving de 12 años, Alma Leticia de 13 y Valeria Janeth de 12, entre ellos dos eran sus primos, además de que también dos del grupo eran niñas mujeres. Ese día fueron a buscar a Cristopher a su casa, se lo llevaron con engaños diciéndole que irían a jugar todos un juego divertido que le encantaría, le dijeron que el juego se llamaba el secuestro y que le atarían las manos y lo iban a amarrar a un árbol, por eso no dudo ningún momento porque se trataba de un juego y que todos los niños eran conocidos.

Una vez que lo tenían amarrado, uno de ellos tomo una rama de espinas y comenzó a pegarle haciéndole sangrar la piel, el niño comenzó a llorar y gritar por lo que los otros comenzaron a pegarle con palos y a lanzarles piedras, como no dejaba de gritar uno de ellos tomo un palo y se lo coloco en la garganta presionándolo hasta que lo asfixio, después el niño no dio muestras de vida y entonces procedieron a desamarrarlo, mientras una de las muchachas cavo un hoyo a un lado para enterrarlo, la otra niña que participaba tomo un cuchillo y se lo clavo en la espalda más de veinte veces para asegurarse que había muerto. Y eso no les basto, no fue suficiente todo ese suplicio, así que procedieron a sacarle los ojos, cortarle un labio, rebanarle una mejía, fue un festín de sangre y horror. Después que saciaron su sed de sangre, enterraron al niño boca abajo en la fosa y lo enterraron, luego colocaron un animal muerto encima de la tumba para que se confundiera con el olor de un cadáver en descomposición. Y lo cubrieron con ramas.

La desaparición del niño duro varios días hasta que uno de ellos producto del remordimiento le confeso a su madre lo sucedido y esta acudió a la policía a denunciar el hecho. La ciudadanía quedo conmocionada ante este hecho sin precedentes de esta atrocidad cometida por niños. La niñez y la juventud están siendo víctimas y son influenciadas por los ejemplos de violencia e impunidad del crimen organizado en las ciudades, donde el Estado no hace absolutamente nada y se mofa de la indefensión de la ciudadanía con más actos de corrupción. Los niños reproducen todo lo que ven en la calle, en sus hogares, lo que hacen sus padres y no saben cómo canalizar ese estrés ocasionado por la violencia intrafamiliar donde muchas veces son abusados por sus propios familiares.

Mucho antes de asesinar a Christopher, los menores se reunían para realizar actividades violentas como la mutilación de animales, la quema de casas abandonadas e intimidar a los vecinos dejando diferentes partes de animales muertos en sus puertas, principalmente perros y gatos.

Este asesinato representa un problema de descomposición social, así que más allá del linchamiento de los menores, debería ser más importante atacar los factores por los cuales un niño puede llegar a cometer un delito.

44. La niña del colegio Fuente de Juventud.

El 2 de diciembre de 2014 sucedió un hecho sin precedentes en Guatemala, en el municipio de Nueva Santa Rosa, una multitud de gente enardecida le prendió fuego a una niña de 14 años estando viva, la multitud gritaba "quémenla", "quémenla", porque querían hacer justicia por sus propias manos, decían que ella había disparado contra un chofer de motoneta taxi, que formaba parte de una banda delincuencial, que estaba matando a choferes de transporte colectivo que se negaban a pagar las extorsiones a que eran sujetos.

La joven sicaria a como le llamaron los diarios locales lloraba y pedía piedad, decía que ella no había sido, que la estaban confundiendo, pero no hubo compasión, un grupo de hombres que se decían que eran choferes taxistas no la perdonaron, la apedrearon, la patearon, la tiraron al suelo y ahí la rociaron con gasolina y le prendieron fuego. Los gritos eran desgarradores y la escena dantesca ante la mirada impávida de los espectadores que como si fuera una función de circo contemplaban el hecho sin intervenir ni hacer nada por impedir horrendo crimen. La policía quiso intervenir pero la turba le arrebato de las manos a la pobre criatura y que si se oponían también ellos iban a ser quemados.

Bedelyn Esther Orozco de 14 años fue agredida y quemada viva, era una niña, aun no salgo de mi asombro, se me nubla la vista de solo recordar las imágenes que fueron subidas a YouTube, que mostraban cómo esa horda salvaje enardecida pedía sangre y se ensañó en esa pobre e indefensa niña. Cuanta rabia me dio ver como unos hombres mayores de fuerte contextura le daban de golpes y patadas a esa niña, mientras gritaban que la quemaran como si se tratara de un objeto inerte o una basura.

Pero Bedelyn Orozco era una niña normal que estudiaba en un colegio que se llama Fuente de Juventud, en primero básico de la ciudad de Guatemala, tenía dos hermanitos a los que cuidaba y ayudaba a hacer sus tareas. A su mama le decía que tenía miedo de ir a la escuela que mejor se fueran de ahí y que se trasladaran a vivir a otra parte, pero nunca supieron porque razón de su miedo de ir a clases y del porqué de su insistencia de cambiarse de lugar. Según las investigaciones de la policía, parece que a la niña las pandillas la contactaron en la escuela y desde la cárcel recibían órdenes para hacer actividades delictivas y que si ella se negaba matarían a toda su familia. Parece que no le quedaba más remedio que acompañar a los delincuentes de las pandillas juveniles, aunque ese día del atentado ella solo los acompañó, según testigos había dos mujeres jóvenes que viajaban en el tuktuk con un joven muchacho que fue el que disparo. Todos se dieron a la fuga pero a ella la vieron, la siguieron y la detuvieron ajusticiándola en el mismo sitio.

Su abuela llora amargamente la pérdida de su nieta y recuerda que el día que desapareció la buscaron por todas partes, dieron aviso a la policía y se activó una alerta Alba-Keneth para divulgar información de los desaparecidos y rastrearlos lo más pronto posible, pero no obtuvieron respuesta hasta el tercer día que le avisaron que su nieta había ingresado quemada al hospital. Cuán grande fue su dolor y nunca se imaginó que su pobre nieta tuviera que ver algo con esa gente de las pandillas que andan acechando a la juventud, las obligan a la fuerza a participar y se convierten en carnada de cañón del crimen organizado.

Las investigaciones del Ministerio Publico han descartado que Bedelyn Orozco disparara el arma y que fue un pandillero menor de edad apodado El Iguana el que realizo los disparos. También se encuentran detenidos varios implicados en el linchamiento de la niña, su abuela espera que se haga justicia contra aquellos que le quitaron la vida a su pobre niña.

45.- El niño Ángel Escalante.

Aunque después de lo que le paso a Bedelyn Orozco, pensé que ya lo había visto todo, pero parece que me he equivocado, la imaginación de los criminales reales va más allá de lo que podamos ver en el cine. Este es el caso de un niño de apenas 12 años de edad de nombre Ángel Ariel Escalante Pérez, fue lanzado por unos pandilleros desde el puente Belice, en la ciudad capital de Guatemala, y todo por no acatar la orden de asesinar a un conductor del transporte urbano. El niño fue lanzado desde una altura de 125 metros y al final del precipicio su caída fue amortiguada por las ramas de los árboles que estaban debajo para quedar gravemente herido debajo del puente con ambas piernas quebradas y una contusión cerebral.

Después de tres días de intensa búsqueda, fue descubierto por los vecinos que viven en las cercanías del puente, dieron aviso a los servicios de la cruz roja para que lo fueran a rescatar. Todavía fue hallado consciente y le dijo a sus rescatistas que lo habían lanzado del puente por no querer asesinar a un piloto de bus urbano. Sus captores le dijeron que como prefería morir si lanzado por el puente o descuartizado, a lo que este pequeño niño les dijo que prefería que lo lanzaran del puente.

La madre del niño, la señora Clarivel narró que su hijo había desaparecido desde el martes, que había reportado la desaparición a la Alerta Alba Keneth, lo buscaron infructuosamente y no lo encontraron, nadie sabía de su paradero y él estuvo debajo del puente tres días sin poderse mover ni pedir auxilio. Fue trasladado al hospital General San Juan de Dios por los cuerpos de socorro. Estos estaban asombrados de cómo el niño había logrado sobrevivir a esa caída de unos 125 metros y que cuando lo subían, él les conto como había sucedido todo, que los pandilleros le dieron a escoger como prefería morir, si descuartizado o que lo lanzaran del puente.

El niño Ángel Ariel Escalante Pérez de apenas 12 años de edad era originario de Nicaragua, cursaba el sexto grado de primaria y había emigrado con su familia buscando mejores oportunidades de vida, se habían establecido en la ciudad de Guatemala en el barrio San Antonio, zona 6 de la capital.

Era un niño que soñaba con ser arquitecto dijo su papa cuando lo entrevistaron los medios de comunicación, Ángel Ariel Escalante permaneció tres días en estado de coma por la contusión cerebral además de tener fracturada dos piernas, los médicos hicieron todo lo posible para ayudar a ese niño valiente que prefirió sacrificar su vida en vez de convertirse en un criminal y quitarle la vida a otra persona. Cuanta bondad, cuanto amor por la vida de los demás es un gesto loable e indescriptible. Era solamente un niño que le gustaba dibujar, ir a la escuela, le gustaba la música y jugar al futbol con sus compañeritos.

Todas estas cosas nos dejan un sabor amargo de lo mal que cada día está el mundo, pero no debemos de decepcionarnos, todos esos ángeles que entregan su vida es por una redención de la humanidad, para crear conciencia en cada uno de nuestros corazones y luchar inclaudicablemente por un mundo mejor.

"Mientras el círculo de su compasión
no abarque a todos los seres vivos,
el hombre no hallará la paz por sí mismo."
Albert Schweitzer

"El hombre es un auriga que conduce un carro
tirado por dos briosos caballos: el placer y el deber.
El arte del auriga consiste en templar
la fogosidad del corcel negro (placer)
y acompasarlo con el blanco (deber)
para correr sin perder el equilibrio."
Platón

46.- La nota final

Todo lo que usted se proponga en la vida lo puede lograr, incluso cosas que están más allá de sus planes las va a alcanzar, todo se convierte en una extensión más de una mente organizada, planificada, abnegada y trabajadora.

Nada se logra sin organización, sin planificación y sin esfuerzo, así que es hora de comenzar, ya no continuemos quejándonos que la vida ha sido grosera contigo, no señor, es hora de levantarnos, de tomar sobre nuestros hombros la responsabilidad de nuestras acciones.

No hay edad para comenzar, nunca es tarde y lo mejor es emprender el camino lo más pronto posible, a como nos sugiere Robert Kiyosaky autor del bestseller *"Padre rico Padre pobre"* las posibilidades de salir de la carrera de la rata las podemos alcanzar a cualquier edad aunque, aunque podríamos dividir nuestra vida activa en cuatro ciclos de diez años comenzando a partir de los 25 años. Esa es una forma de controlar nuestras vidas teniendo en cuanta los ciclos en los cuales podemos alcanzar nuestra libertad financiera.   La educación financiera es uno de los pilares que debemos de tomar en cuenta a la hora de emprender nuestras acciones en función de la meta que queremos alcanzar.

La presentación de la problemática de la vida real en blanco y negro ha sido con el objetivo de tomar conciencia de que vivimos en un mundo convulsionado y no es justo que nos quedemos sin hacer nada, cuando a nuestro alrededor hay gente que está siendo sufriendo porque son víctimas de conflictos armados, de persecuciones, de discriminaciones y de muchos otros fenómenos como el crimen organizado, odios raciales, dictaduras y no tienen las posibilidades que tal vez en este momento tú tienes y puedes disfrutar. Es por eso que decimos que basta ya de pasividad e indiferencia, entremos en acción, seamos parte de esos miles de jóvenes que si quieren cambiar el mundo de forma positiva, de hacer de nuestro planeta un lugar mejor, con mejores oportunidades para todos.

Solo unidos, haciendo las cosas bien, dando esos pequeños pasos, cambiando nosotros mismos, haciéndonos más responsables, honestos, servidores, trabajadores, respetuosos y aportando nuestro granito de arena, es que vamos a lograr ese cambio que tanto queremos.

La felicidad es una filosofía de vida y debemos escoger ser felices, no desperdiciemos nuestra vida lamentándonos y viviendo en un mundo de miedos y temores, no señor, no es justo, tú te mereces lo mejor, tu eres único, hijo de un rey creador, heredero de un tesoro que está dentro de ti. Tu tesoro interior te dice cuan rico eres, cuan feliz puedes ser, cuan afortunado eres y por lo tanto debes de vivir en consonancia con esa realidad única que solo tú la puedes disfrutar.

Ya sabemos que vivimos en un mundo de guerra, criminalidad, corrupción, crimen organizado, pero eso no debe de ser motivo para desesperarnos y perder la confianza en un futuro mejor, no debemos desmoralizarnos y sentirnos derrotados, no señor, en ningún momento debemos de darle paso al desaliento, al desánimo y al derrotismo. Debemos por el contrario llenarnos de júbilo, de alegría, de sentirnos agradecidos por lo que nos ha dado la vida, por las oportunidades que tenemos, por los seres queridos que nos acompañan, por el amor de nuestra vida.

Tenemos la obligación de ser felices y la felicidad es producto de la realización del deber cumplido, de la satisfacción de los logros alcanzados, de haber superado las flaquezas y haberse levantado de las caídas, de no haber aceptado nunca un *"no"* como impedimento, de no haber creído que la perdida de una batalla haya significado la perdida de la guerra.

Debo de buscar la armonía con el universo, debo de buscar el equilibrio en todas las etapas de mi vida en lo emocional, espiritual, laboral, económico, familiar, físico y en las relaciones con todos los que me rodean. Debo de ser humilde y no solo dejarme llevar por mi lógica intelectual sino prestarle más atención a la inteligencia emocional porque muchas veces lo esencial no se ve con los ojos sino que se mira con el corazón.

No es necesario llegar a ser viejos para poder alcanzar el éxito y la realización de nuestras metas, lo más importante es saber llegar, saber perder y saber levantarse de las caídas, que cada etapa tiene su propio significado, tiene su propio afán y no podemos ni vivir del pasado ni en la ansiedad del futuro porque ambas cosas son estériles e improductivas y solo nos trastorna la razón.

El reto de la juventud de ahora, es muy grande, se vive a una velocidad inverosímil y en un parpadeo puedes perder el paso, las nuevas tecnologías nos están enseñando a vivir al límite, estamos informados en tiempo real, nos comunicamos a cualquier rincón del planeta y tenemos en nuestras manos la posibilidad de operar y actuar a la distancia. Antes solo los militares de los gobiernos podían hacer esto, ahora cualquier persona puede tener esos atributos, no es de asombrarse como los terroristas dirigen sus células desde un continente para cometer acciones criminales en otro continente. Y si no nos percatamos nos podemos quedar obsoleto rápidamente, por lo tanto ya se hace de vital importancia estar conectados en red, la internet es como un ser viviente que a través de sus redes físicas de interconexión forma redes neuronales que cobran vida, ya no podemos vivir desconectados de la red y cada día nos volvemos más vulnerables.

Pero independiente que vivamos a la velocidad de la luz los valores de las personas no van a cambiar, las necesidades del ser humano no van a cambiar, el amor, la empatía y los sentimientos de solidaridad no van a cambiar, así como todos los valores morales que tenemos más bien se van a reafirmar una y otra vez.

Recibe mis felicitaciones por haber logrado llegar hasta el final del libro, eso significa que tienes un gran potencial listo para ser descubierto, tienes en tus manos ese tesoro interior que debes de usarlo y ponerlo a trabajar a tu favor, eres único, solo tú puedes y eres maravilloso, con ese entusiasmo llegaras hasta el final y nos veremos pronto en la cima del éxito.

Recuerden que no somos robots, ni pretendamos ganarle a las maquinas en el procesamiento de la información y bases de datos que para eso han sido diseñadas, pero nosotros no, simplemente que utilizamos todos esos adelantos para ponerlos a nuestro servicio y que nos hagan más fácil la vida, que nos liberen del para nuestro placer, esparcimiento y compartirlo con nuestros seres queridos. Una vez más se ratifica que el tiempo es oro.■

Muchas gracias amigo lector de alguna forma sé que estamos conectados en el universo y coincidimos, seria fabuloso tener la oportunidad de conocernos. Te deseo todo lo mejor en este viaje por la vida donde cada paso que des estarás escribiendo una página de tu historia, construyendo un destino y haciendo realidad un sueño. Buena Suerte.

"Canción de otoño en primavera"

Juventud, divino tesoro,
¡ya te vas para no volver!
Cuando quiero llorar, no lloro...
y a veces lloro sin querer...

Plural ha sido la celeste
historia de mi corazón.
Era una dulce niña, en este
mundo de duelo y de aflicción.

Miraba como el alba pura;
sonreía como una flor.
Era su cabellera obscura
hecha de noche y de dolor.

Yo era tímido como un niño.
Ella, naturalmente, fue,
para mi amor hecho de armiño,
Herodías y Salomé...

Juventud, divino tesoro,
¡ya te vas para no volver!
Cuando quiero llorar, no lloro...
y a veces lloro sin querer...

Y más consoladora y más
halagadora y expresiva,
la otra fue más sensitiva
cual no pensé encontrar jamás.

Pues a su continua ternura
una pasión violenta unía.
En un peplo de gasa pura
una bacante se envolvía...

En sus brazos tomó mi ensueño
y lo arrulló como a un bebé...
Y te mató, triste y pequeño,
falto de luz, falto de fe...

Juventud, divino tesoro,
¡te fuiste para no volver!
Cuando quiero llorar, no lloro...

Reflexión personal

y a veces lloro sin querer...

Otra juzgó que era mi boca
el estuche de su pasión;
y que me roería, loca,
con sus dientes el corazón.

Poniendo en un amor de exceso
la mira de su voluntad,
mientras eran abrazo y beso
síntesis de la eternidad;

y de nuestra carne ligera
imaginar siempre un Edén,
sin pensar que la Primavera
y la carne acaban también...

Juventud, divino tesoro,
¡ya te vas para no volver!
Cuando quiero llorar, no lloro...
y a veces lloro sin querer.

¡Y las demás! En tantos climas,
en tantas tierras siempre son,
si no pretextos de mis rimas
fantasmas de mi corazón.

En vano busqué a la princesa
que estaba triste de esperar.
La vida es dura. Amarga y pesa.
¡Ya no hay princesa que cantar!

Mas a pesar del tiempo terco,
mi sed de amor no tiene fin;
con el cabello gris, me acerco
a los rosales del jardín...

Juventud, divino tesoro,
¡ya te vas para no volver!
Cuando quiero llorar, no lloro...
y a veces lloro sin querer...

¡Mas es mía el Alba de oro!

(Rubén Darío)

1.- ¿Por qué no alcanzamos lo que queremos?

2.- Como entiende usted la expresión "No hago el bien que quiero y hago el mal que no quiero".

3.- ¿Cree usted que en la vida hay gente con mala suerte y que todo les sale mal? ¿Por qué?

4.- ¿Que son los Talentos y como descubrirlos?

5.- ¿He logrado lo que he querido y por qué?

6.- ¿Es posible una transformación profunda?

7.- ¿Necesito cambiar mi vida? ¿Por qué?

8.- ¿Que quiero hacer de mi vida para sentirme realizado?

9.- En este momento como me veo, ¿Quién soy?

10.- ¿A dónde quiero llegar con mi vida?

Sugerencia

1. Preparar mis metas para los próximos años.
2. Hacer un plan de acción por etapas con resultados medibles concretos.
3. Definir mis acciones en función de las áreas sensibles
   a. Personal, Finanzas, Profesional, Emocional, Familiar, Físico, Espiritual.

APENDICE

Lista de libros de autoayuda que deberías leer.

1. Tus zonas erróneas. – Wayde Dyer

2. Inteligencia emocional. – Daniel Goleman

3. Como hacer amigos e influir sobre las personas. – Dale Carnegie.

4. El Alquimista. – Paulo Coelho

5. El caballero de la armadura oxidada. – Robert Fisher.

6. La buena suerte. – Alex Trías y Fernando Rovira.

7. Los 7 hábitos de la gente altamente efectiva. – Stephen R. Covey.

8. El arte de la guerra. – Sun Tzu

9. ¿Quién se ha llevado mi queso? – Spencer Johnson.

10. Piense y hágase rico. – Napoleon Hill

11. La actitud mental positiva.- Napoleon Hill y Clement Stone.

12. Fuera de serie. Por qué unas personas tienen éxito y otras no. – Malcolm Gadwell

13. El arte de la felicidad. Dalai Lama.

14. Blink: Inteligencia intuitiva. – Malcolm Gladwell

15. El hombre en busca de sentido. – Victor E. Frankl.

16. Poder sin límites. – Anthony Robbins

17. Despertando al gigante interior. – Anthony Robbins

18. El poder del ahora. – Eckhart Tolle

19. La historia de mi vida.- Hellen Keller

20. Sana tu cuerpo. – Loise L. Hay

21. El diario de Ana Frank. - Anne Frank.

22. Como suprimir las preocupaciones y disfrutar de la vida. – Dale Carnegie.

23. El monje que vendió su Ferrari. – Robin Sharma.

24. Padre Rico, Padre Pobre. – Robert Kiyosaki.

25. El hombre más rico de babilonia.- George S. Clason

26. Sopa de pollo para el alma.- Jack Canfield.

27. Destroza este diario. – Keri Smith

28. Antifragil. – Nassim Taleb

29. Desarrolla una mente prodigiosa. – Ramon Campayo.

30. El poder de la intención. Wayne Dyer.

31. El cociente agallas: Si cambias tu mente, cambias tu vida. – Mario Alonso Puig.

32. Supera la adversidad. Luis Rojas Marcos.

33. Las siete leyes espirituales del éxito. Deepak Chopra.

34. Los patitos feos: La resiliencia. Una infancia infeliz no determina la vida. – Boris Cyrulnik.

35. Una vida sin límites.- Nick Vujicic

36. Los secretos de la mente millonaria.- T. Harv Eker.

37. El vendedor más grande del mundo. Og Mandino.

38. Como el hombre piensa. – James Allen.

39. La Biblia.

40. Confía en ti mismo. - Ralph Waldo Emerson

41. El poder de la mente subconsciente. – Joseph Murphy.

42. El poder del pensamiento positivo. - Norman Vincent Peale

43. El principio del 80/20: el secreto de lograr mas con menos. – Richard Koch.

44. La PNL: La nueva tecnología del éxito. – Steve Andreas & Charles Faulkner.

45. God wants you to be rich. – Paul Zane Pilzer

46. El milagro más grande del mundo.- Og Mandino

47. Más allá de la cumbre. Zig Ziglar.

48. El camino de Dios aun es el mejor camino. – Zig Ziglar.

49. Los cuatro acuerdos. – Dr. Miguel Ruiz

50. El Secreto.- Rhonda Byrne

51. Una vida con propósito: ¿Para qué estoy aquí en la tierra? - Rick Warren

Nota: Esta lista es ilustrativa y no está clasificada en orden de importancia, cada lector debe darle el orden de importancia según su criterio.

BIOGRAFIA

William Alberto Pavón López, nacido en la ciudad de Managua, Nicaragua, el 5 de Octubre de 1963. Sus padres Arnoldo Pavón Sánchez y su mama Odili López Barberena. Fue educado en colegios religiosos, su primaria la curso en el colegio Don Bosco de la congregación Salesiana y la secundaria en el Colegio Centro América de la orden Jesuita en Managua. Después de terminar la secundaria viaja a la Ex Unión Soviética en el año 1983 para estudiar ingeniería eléctrica matriculándose en el Instituto de Aviación Civil de Kiev (KIIGA), capital de la Republica de Ucrania, donde logra terminar sus estudios y regresa a Nicaragua en el año 1990. Ya en Nicaragua trabajo para la Fuerza Aérea en el área de mantenimiento eléctrico y laboratorio de instrumentación y equipos automáticos de aviones y helicópteros durante un tiempo y después pasa a trabajar a la Universidad Nacional de Ingeniería de Nicaragua como profesor en el área de Ingeniería Eléctrica. Logra desempeñar varios cargos entre ellos el de Decano de la facultad de Electrotecnia y computación desde 1994 a 1998. Su pasión por la docencia hizo que combinara la práctica profesional y consultorías con la docencia e investigación, participando en organizaciones de profesionales y en eventos internacionales. Ha recibido cursos de actualización profesional en México, Suecia y España entre otros, ha trabajado en proyectos de Subestaciones Eléctricas, Centrales Eléctricas, Líneas de Transmisión y Sistemas de Distribución.

Willliam.pavon@gmail.com

9 789999 640564 8